"互联网+"新形态一体化系列丛书

老年人服务与管理政策法规

主　　编	孙　青	郑朝晖	梁文欣
副 主 编	韩彦国	张全花	李满兴
参　　编	程　思	胡胜东	刘士向
	魏世晴		
主　　审	谢勇旗		
审核专家	武卫东		

北京理工大学出版社
BEIJING INSTITUTE OF TECHNOLOGY PRESS

版权专有 侵权必究

图书在版编目（CIP）数据

老年人服务与管理政策法规 / 孙青, 郑朝晖, 梁文欣主编. -- 北京：北京理工大学出版社, 2021.10
 ISBN 978-7-5763-0723-8

Ⅰ.①老… Ⅱ.①孙… ②郑… ③梁… Ⅲ.①老年人 – 社会服务 – 中国 – 教材②老年人权益保障法 – 法规 – 中国 – 教材 Ⅳ.① D669.6 ② D923.8

中国版本图书馆 CIP 数据核字 (2021) 第 243550 号

出版发行 / 北京理工大学出版社有限责任公司	
社　　址 / 北京市海淀区中关村南大街 5 号	
邮　　编 / 100081	
电　　话 /（010）68914775（总编室）	
（010）82562903（教材售后服务热线）	
（010）68944723（其他图书服务热线）	
网　　址 / http://www.bitpress.com.cn	
经　　销 / 全国各地新华书店	
印　　刷 / 定州市新华印刷有限公司	
开　　本 / 787 毫米 × 1092 毫米　1/16	
印　　张 / 9	责任编辑 / 李慧智
字　　数 / 216 千字	文案编辑 / 李晴晴
版　　次 / 2021 年 10 月第 1 版　2021 年 10 月第 1 次印刷	责任校对 / 刘亚男
定　　价 / 30.00 元	责任印制 / 边心超

图书出现印装质量问题，请拨打售后服务热线，本社负责调换

前　言

　　人口老龄化已成为今后一段时期我国的基本国情，老龄化加速发展是我国经济社会发展新常态的重要特征。"大力发展老龄服务事业和产业"是党的十八大积极应对人口老龄化做出的重大战略部署。"加快建立社会养老服务体系和发展老年服务产业"是中共十八届三中全会积极应对人口老龄化做出的战略决策。新修订的《中华人民共和国老年人权益保障法》第一章第四条规定："积极应对人口老龄化是国家的一项长期战略任务。"

　　新一代老年群体思想观念更解放，经济实力更强，文化程度更高，对养老保障措施、优待制度、服务水平等有着更高的要求。为应对这种新的变化趋势，我国提出积极应对老龄化的对策——社会化养老服务。社会化养老方式对于养老服务的水平要求更高，养老服务不仅要满足老年人基本生活照料的需要，更要满足老年人的精神需要，以实现老年人高品质的晚年生活。随着老年人生理、精神及社会参与能力的逐渐退化，老年人需要来自家庭、社会、国家给予的全方位的法律权益保障。在这一过程中，养老服务机构和养老服务人员应在养老服务过程中树立老年人权益保障理念，积极地为老年人排忧解难，协助老年人分析并处理各类法律问题。本书的主旨就在于此。

　　本书在内容选取上既考虑了老年人权益维护的全面性，又考虑了养老服务中可能面临的老年人权益保障需求。本书共包含5个项目13个任务，重点阐述了老年人政策法规概述，老年人家庭赡养与扶养，老年人社会保障法规，老年人社会优待，居家、社区、机构养老服务与管理。

　　本书在编写体例上改变了传统教材的编写方式，按照项目、任务二级模块展开，有利于提高教材的针对性与实用性，符合职业教育学生的学习特点和认知规律。本书每个项目模块的开头都设有学习导语、学习目标、思维导图等模块，为学生提供了本项目内容的预览以及提醒学生需学习的重要内容。每个项目都设有实训演练、拓展延伸环节，旨在激发学生思考、探索、讨论、合作等，学生通过小组任务实施等形式检查评估对本项目内容的掌握情况。每个项目下的任务模块按照情境导入、知识学习、自学自测的思路编写，条理

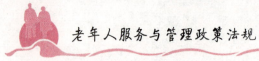

清晰、任务明确。

　　本书在编写过程中参考了很多相关书籍和教学资料，同时引用了许多专家学者的研究成果，在此一并致谢！由于编者知识水平有限，书中不当之处在所难免，敬请广大师生和读者批评指正并提出宝贵意见。

目 录

项目一 老年人政策法规概述 ………………………………………………… 1
    任务一 认知老年人政策法规 ………………………………………………… 2
    任务二 认知老年人权益保障 ………………………………………………… 10
项目二 老年人家庭赡养与扶养 ……………………………………………… 24
    任务一 协助老年人处理赡养问题 …………………………………………… 25
    任务二 协助老年人处理婚姻问题 …………………………………………… 31
    任务三 协助老年人处理财产继承问题 ……………………………………… 38
项目三 老年人社会保障法规 ………………………………………………… 55
    任务一 协助老年人处理养老保险问题 ……………………………………… 56
    任务二 协助老年人处理医疗保险问题 ……………………………………… 62
    任务三 协助老年人申请社会救助 …………………………………………… 67
项目四 老年人社会优待 ……………………………………………………… 80
    任务一 协助老年人参与社会发展 …………………………………………… 81
    任务二 协助老年人享受社会优待 …………………………………………… 84
项目五 居家、社区、机构养老服务与管理 ………………………………… 92
    任务一 认知居家养老服务 …………………………………………………… 93
    任务二 认知社区照料服务 …………………………………………………… 99
    任务三 认知养老机构运营管理 ……………………………………………… 103
附录 中华人民共和国老年人权益保障法 …………………………………… 129

项目一 老年人政策法规概述

【学习导语】

　　老年人的合法权益得到切实有效的保障是实现社会公平正义的内在要求,是衡量社会文明进步的重要标尺。《"十三五"国家老龄事业发展和养老体系建设规划》第十章保障老年人合法权益中提出,要完善老龄事业法规政策体系、健全老年人权益保障机制、加大普法宣传教育力度等任务,旨在从立法、执法、司法、普法等环节全方位地保障老年人合法权益。

　　本项目内容包括了解养老服务产业的背景和发展趋势,学习老年人政策法规的概述,培养学生树立为老年人维权的意识。

【学习目标】

知识目标:

1. 了解养老服务产业的背景及发展趋势。
2. 通过马斯洛需求层次理论了解老年人需求。
3. 了解我国现行养老服务产业的政策法规。
4. 掌握老年人权益保障的内涵。
5. 掌握养老服务体系发展的功能定位。

能力目标:

1. 能够讲解我国养老服务与老年人权益保障宏观政策及养老行业现状。
2. 能够对老年人需求进行问卷调查,合作完成调研报告。
3. 能够收集资料完成本专业职业生涯规划。

素质目标:

1. 培养孝老爱亲的传统美德。
2. 树立为老年人维权的意识。

【思维导图】

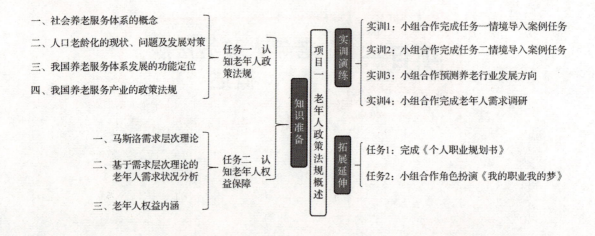

任务一 认知老年人政策法规

情境导入

老陈是一名教师，儿女均已成家，现在已经退休，与老伴一起居住。老陈辛苦了大半辈子，现在没有了工作，感到无事可做，不知道如何安排生活，出现了"离退休综合征"。老陈迫切地想知道国家的养老政策及自己该如何应对养老等一系列问题。

【知识学习】

一、社会养老服务体系的概念

社会养老服务体系是与经济社会发展水平相适应，以满足老年人养老服务需求、提升老年人生活质量为目标，面向所有老年人，提供生活照料、康复护理、精神慰藉、紧急救援和社会参与等设施、组织、人才和技术要素，以及配套的服务标准、运行机制与监管制度的服务体系。

二、人口老龄化的现状、问题及发展对策

（一）国际通用的老龄化标准

根据世界卫生组织定义：一个国家或地区在60岁以上的人口比例达到10%，65岁及以上的人口比例达到7%以上，即可被称为老龄化社会；65岁及以上的人口比例达到14%即可称为老龄社会；65岁及以上的人口比例超过20%，则可以被称为超老龄社会。

世界银行数据显示，目前，日本是全球人口老龄化最严重的国家，65岁以上人口比例达到了27%，排名世界第一，而意大利（23%）、德国（21%）位居第二名和第三名。（资料来源：世界银行）

2019年全球各个国家老龄化程度排行榜如图1-1所示。

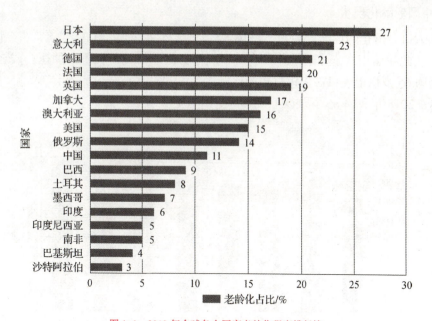

图1-1 2019年全球各个国家老龄化程度排行榜

联合国人口与社会署人口数据显示，到2050年，日本60岁以上人口比例将增加至42.5%，到2100年将减少至40.9%，然而80岁以上的老年人人口比例将从15.1%上升至18.5%。

虽然日本是目前人口老龄化最严重的国家，但到2050年，预计韩国人口的平均年龄将超过日本，人均年龄达到53.9岁，日本为53.3岁。（资料来源：公开资料）

2050年全球60岁以上人口占比预测如图1-2所示。

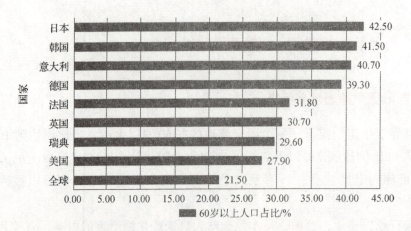

图 1-2　2050 年全球 60 岁以上人口占比预测

（二）中国老龄化现状及特点

1. 中国老龄化现状

按照人口老龄化的标准，1999 年我国 60 岁的老年人达到了 1.32 亿人，占全国总人口的 10%，从此我国正式步入老龄化社会。中国社会的老龄化进程不断加速。截至 2018 年年底，全国 65 岁以上人口占人口总数的比例达到 11.9%。

2011—2018 年我国 65 岁及以上人口占比如图 1-3 所示。

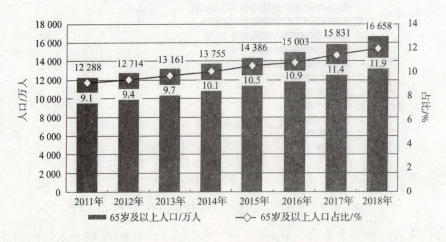

图 1-3　2011—2018 年我国 65 岁及以上人口占比

预计到 2030 年，我国 65 岁以上人口占比将上升至 15%。（资料来源：国家统计局）

作为世界经济火车头的中国，日益面临着人口老龄化的问题。中国在 1999 年就已开始进入老龄化社会。从老龄化社会进入老龄社会，法国用了 115 年，英国用了 47 年，德国用了 40 年，而日本只用了 24 年。预计中国将在 2024—2026 年进入老龄社会，速度与日本大体相同。造成这种状况的原因之一是中国实行了独生子女政策，导致出生率下降。

当然，出生率下降不会马上与人口老龄化联系在一起。目前能够参与经济活动的15～65岁的"生产年龄人口"仍在增加。这一人口比率较高的国家，往往具有增长潜力。这就是所谓的"人口红利"。

1950—2050年中国劳动年龄人口（15～60岁）统计及预测如图1-4所示。

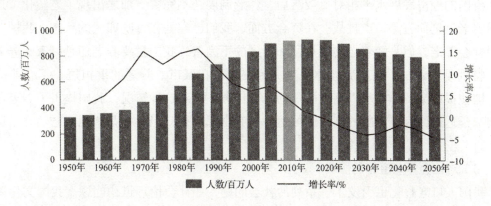

图1-4　1950—2050年中国劳动年龄人口（15～60岁）统计及预测

2. 中国老龄化特点

（1）老年人口基数大。60岁以上老年人口是世界老年人口总量的1/5，是亚洲老年人口的1/2。

（2）老年人口增长速度快。1980—1999年，在不到20年的时间里，我国人口年龄结构就基本完成了从成年型向老龄化的转变。

（3）高龄化趋势明显。近年来，我国80岁以上的高龄老人以年均约4.7%的速度增长，明显快于60岁以上老年人口的增长速度。2020年，80岁以上老年人口达1 300万，约占老年总人口的9.7%。

（4）地区老龄化程度差异较大。上海的人口年龄结构早在1979年就进入了老龄化社会，而青海、宁夏等西部省、自治区在2010年左右才进入，相差约30年。

（5）发达国家人口老龄化伴随着城市化和工业化，呈渐进的步伐。发达国家在60岁以上老龄人口达到10%时，人均国内生产总值一般在1万美元以上，属于先富后老。我国在1999年进入老龄化社会时，人均国内生产总值才达856美元，属于刚刚迈过最低收入门槛的中等收入国家，是未富先老。

（三）中国人口老龄化面临的问题及对策

1. 人口老龄化面临的问题

（1）趋向高龄的劳动人口，社会负担会增加。

我国现在老年人口的比例不断上升，所以每年会有更多的人进入退休养老的状态。我国又是世界上人口最多的国家，所以老年群体相当可观。而我国并没有养老资金方面的积累，所以这些"退休"人员上升的负担会加到"在职人员"身上，供养系数增加的负担也就直接落在了青壮年身上。在人口老龄化的初期阶段，劳动人口会上升。但是，随着时间的推移，妇女的总和生育率达到更替后，劳动人口数量会有所下降，青壮年的负担系数会上升。

（2）养老制度的不完善。

我国的经济发展水平相对比较落后，养老制度还不完善，加之出现了老龄化，这对我国养老制度而言是一次挑战。在资金方面，我们已经处在寅吃卯粮的状态。我国一直提倡社会养老，但是随着老龄化加剧和制度的不完善，我国主要养老还是以家庭养老为主，特别是在农村，家庭养老体现得尤为突出。在城市，养老的重担压在了企业的身上，即使提高缴费率也难以完成沉重的养老任务。面对这种情况，我国提出了养老金双轨制和延迟退休人口年龄的制度，虽然并没有全部运行，但是在某些地区已经开始试运行了。

（3）对社会养老道德的影响。

我国人口老龄化也引发了一系列的社会问题，如社会伦理道德问题。我国文化源远流长，从古代就一直有"老吾老，以及人之老；幼吾幼，以及人之幼"。这启示我们要尊老爱幼，而现在的问题是"尊老"。但是随着经济的发展，以及早期实行的计划生育政策，我国现在的家庭结构是"四二一"家庭，即四个老人，一对夫妻和一个孩子的状态。很多人迫于生计，离乡外出打工，造成"空巢老人"的状态，在广大偏远地区，更有虐待老人、不赡养老人等事件频频发生。

2. 人口老龄化解决对策

（1）调整我国的人口结构。

有人认为，我国现在已经步入老龄化了，所以应该通过提高生育率，增加年轻人口在总人口中的比例来应对人口老龄化。但是我国14亿人口已经到来，虽然总资本较多，但是人均资本较少。这种现状使得我国不能单纯地依靠出生率的增加来改变人口结构。另外，生育率和生育结构该不该调整，怎样调整，这都是需要慎重考虑的问题，需要我们去深入研究和探讨，一定要坚持适度原则。比如，如果我国要提高生育率，我国人口基数大，就会出现生育率过快增长的局面；如果我国保持低生育率，那么我国的老龄化局面又会严重。总而言之，我国生育结构的调整必须兼顾年龄结构的优化。

（2）积极开发"银发市场"。

随着我国老年人口的增加，我国出现了关于老年人的市场，即所谓的"银发市场"。老年人是有市场需求的，如对健康的需求，以及对一些衣食住行等的需求。那么针对老年人的需求，就会有市场供给，这便形成了"银发市场"。比如，保健品市场、医疗服务业、敬老院，以及现在的高校培育出来的专门为老年人提供服务和照顾的专业人才，这都伴随人口老龄化的加剧迅速发展。老龄化既是一种挑战，也是一种机遇，所以我们要大力发展"银发市场"。

(3)建立和健全老年医疗保险制度。

与总人口相比,老年人具有高患病率、高伤残率、高医疗利用率等特点。因此,在建立面向整个人群的医疗保险制度的同时,有必要针对老年人制定有关政策,以保障老年人医疗的基本需求。对于城镇人口,需要完善职工基本医疗保险制度,建立多层次的医疗保障体系;对于农村人口,可以探索多种形式的健康保障方法,逐步建立城乡医疗救助制度,改善特困老年人的医疗条件。

(4)要逐步实现健康老龄化。

国际上的有关研究和经验均表明,疾病和伤残并不是老年期的必然产物,通过努力完全可以把它们压缩到生命最后的较短时期内,即实现健康的老龄化,这是老年人及其家庭乃至老龄化社会的期望。其中,特别要注意家庭小型化趋势下老年家庭看护照料的供需状况,及时提供相应的帮助措施。

(5)实行弹性退休年龄制度,充分发挥老年人力资源的优势。

我国实行性别、职业差异的退休年龄制,对那些预期寿命与我国同水准的国家相比,我国的退休年龄普遍较低。因此,有两种现象不可避免:一是退休人口大量隐性就业;二是退休时工龄越长,养老待遇往往也就越优。前一种现象使我们无法真实地了解、反映和掌握当前的就业状况;后一种现象意味着求学时间长,退休时比同龄人的养老金更低。

(6)家庭养老逐渐向社会养老过渡。

我国进入老龄化社会后,高龄老人迅速增加,老年人在日常生活、医疗方面都需要有人来照顾。我国目前的主要养老方式是家庭养老。由于我国之前实行严格的计划生育政策,近年来,独生子女已经进入婚配阶段,这些独生子女一方面要承受社会的残酷竞争,另一方面还要照顾"四二一"结构下的四位老人和一个孩子,这种压力难以承受。所以,国家要积极引导由家庭式的养老向社会式养老过渡。我国现存的养老机构都是政府融资建设的,但随着老龄化的加剧,我国的养老机构供不应求,政府的力量远远不够,需要国家充分调动各方面的因素,建立健全个人、企业、社会、政府相结合的养老机构。

三、我国养老服务体系发展的功能定位

《中华人民共和国老年人权益保障法》(以下简称《老年人权益保障法》)第一章第五条规定:"国家建立多层次的社会保障体系,逐步提高对老年人的保障水平。""国家建立和完善以居家为基础、社区为依托、机构为支撑的社会养老服务体系。"我国推行的养老服务体系模式主要为"9073"或"9064"养老模式,这一模式最早在"十一五"规划中由上海率先提出,即90%的老年人由家庭自我照顾,6%或7%的老年人享受社区居家养老服务,3%或4%的老年人享受机构养老服务。

（1）居家养老服务涵盖生活照料、家政服务、康复护理、医疗保健、精神慰藉等，以上门服务为主要形式。对身体状况较好、生活基本能自理的老年人，提供家庭服务、老年食堂、法律服务等服务；对生活不能自理的高龄、独居、失能等老年人，提供家务劳动、家庭保健、辅具配置、送饭上门、无障碍改造、紧急呼叫和安全援助等服务。有条件的地方可以探索对居家养老的失能老年人给予专项补贴，鼓励他们配置必要的康复辅具，提高其生活自理能力和生活质量。

（2）社区养老服务是居家养老服务的重要支撑，具有社区日间照料和居家养老两类功能，主要为家庭日间暂时无人或无力照护的社区老年人提供服务。在城市，结合社区服务设施建设，增加养老设施网点，增强社区养老服务能力，打造居家养老服务平台；倡议、引导多种形式的志愿活动及老年人互助服务，动员各类人群参与社区养老服务。在农村，结合城镇化发展和新农村建设，以乡镇敬老院为基础，建设日间照料和短期托养的养老床位，逐步向区域性养老服务中心转变，向留守老年人及其他有需要的老年人提供日间照料、短期托养、配餐等服务；以建制村和较大自然村为基点，依托村民自治和集体经济，积极探索农村互助养老新模式。

（3）机构养老服务以设施建设为重点，通过设施建设，实现其基本养老服务功能。养老服务设施建设重点包括老年养护机构和其他类型的养老机构。其中，老年养护机构主要为失能、半失能的老年人提供专门服务，重点实现以下功能：

①生活照料。设施应符合无障碍建设要求，配置必要的附属功能用房，满足老年人穿衣、吃饭、如厕、洗澡、室内外活动等日常生活需求。

②康复护理。老年养护机构具备开展康复、护理和应急处置工作的设施条件，并配备相应的康复器材，帮助老年人在一定程度上恢复生理功能或减缓部分生理功能的衰退。

③紧急救援。老年养护机构具备为老年人提供突发性疾病和其他紧急情况的应急处置救援服务能力，使老年人得到及时、有效的救援；鼓励在老年养护机构中设医疗机构；符合条件的老年养护机构还应利用自身的资源优势，培训和指导社区养老服务组织和人员，提供居家养老服务，实现示范、辐射、带动作用。

四、我国养老服务产业的政策法规

国家制定养老政策是为了促进社会更好地发展，是为了保障老年人的生活。由于社会养老问题逐渐成为影响我国发展的问题，国家出台了相应的政策和措施来改善我国的养老问题。不过每年的养老政策的制定是不一样的。国家养老政策是根据老年人口的问题所采取的政策。我国现行养老产业相关法律法规政策及发布机构如表1-1所示。

表 1-1 我国现行养老产业相关法律法规政策及发布机构

年度	法规政策	发布机构
1996	《中华人民共和国老年人权益保障法》	1996 年 8 月 29 日第八届全国人民代表大会常务委员会第二十一次会议
1998	《民办非企业单位登记管理暂行条例》	国务院
1999	《社会福利机构管理暂行办法》	民政部
2000	《国务院办公厅转发民政部等部门关于加快实现社会福利社会化意见的通知》	民政部、国家计委、国家经贸委、教育部、财政部、劳动保障部、国土资源部①、建设部、外经贸部、卫生部②、税务总局等 11 部委
2006	《国务院办公厅转发全国老龄委办公室和发展改革委等部门关于加快发展养老服务业意见的通知》	全国老龄委办公室、发展改革委、教育部、民政部、劳动保障部、财政部、建设部、卫生部、人口计生委、税务总局等 10 部委
2008	《关于全面推进居家养老服务工作的意见》	全国老龄委办公室、发展改革委、教育部、民政部、劳动保障部、财政部、建设部、卫生部、人口计生委、税务总局
2011	《中华人民共和国国民经济和社会发展第十二个五年规划纲要》	中国共产党第十七届中央委员会第五次全体会议
2011	《中国老龄事业发展"十二五"规划》	国务院
2011	《关于印发社会养老服务体系建设规划（2011—2015 年）的通知》	国务院办公厅
2013	《关于加快发展养老服务业的若干意见》	国务院
2014	《关于推进城镇养老服务设施建设工作的通知》	民政部、国土资源部、财政部、住房城乡建设部
2014	《关于组织开展面向养老机构的远程医疗政策试点工作的通知》	发展改革委、民政部等部门
2014	向社会公开征求意见的《北京市居家养老服务条例（草案）》	北京市人大常委会

注：①现自然资源部。②现国家卫生健康委员会。

【自学自测】

一、填空

1. 当一个国家或地区_____岁及以上老年人口数量占总人口比例超过_____时，则意味着这个国家或地区进入老龄化。1982 年维也纳老龄问题世界大会，确定_____岁及以上老年人口占总人口比例超过_____，意味着这个国家或地区进入严重老龄化。

2. 据统计，_____年我国60岁的老年人达到了1.32亿人，占全国总人口的10%，从此我国正步入老年型国家的行列。

3. 《老年人权益保障法》提出，国家建立和完善以_____、_____、_____的社会养老服务体系。

4. 我国推行的养老服务体系模式主要为"_____"或"_____"养老模式，这一模式最早在"十一五"规划中由上海率先提出，即_____的老年人由家庭自我照顾，_____的老年人享受社区居家养老服务，_____的老年人享受机构养老服务。

二、简答题

1. 中国老龄化有何特点？
2. 我国人口老龄化解决对策有哪些？
3. 简述居家养老、社区养老、机构养老。

任务二 认知老年人权益保障

情境导入

老王夫妻均为高校退休教师，二老无儿无女，亲友相距都远。从经济方面来讲，两位老人都享受计划经济制度下的各种福利，生活很平静。然而，老先生不幸患上了帕金森综合征，住进了医院，老太太很辛苦，病人的心理压力也很大，在这种情况下无处求助，使这个家庭陷入了危机。

【知识学习】

1999年，世界卫生组织（World Health Organization，WHO）提出了积极老龄化（active aging）的概念：老年人的健康、参与和保障达到最佳的过程。这个概念基于联合国提出的"独立、参与、尊严、照料和自我实现"原则，延伸了成功老龄化的概念，强调了老年人应持续地参与社会、经济、文化、宗教与公众事务。与成功老龄化比较，积极老龄化代表了一种更注重主动参与的老年生活，其层次较成功老龄化更高，需要社会的支持。

1991年，联合国通过了《联合国老年人原则——愿长寿者颐养天年》的文件，其中老年人原则共18条，一般把它概括为独立原则、照顾原则、自我实现原则和尊严原则。许多国家把其中的参与原则从独立原则中提出来，成为五原则，具体内容如下：

（1）独立原则。申明老年人应得到基本服务和照顾，应得到工作机会或参与创造收入的机会，应参与决定何时以及以何种步伐退出劳动力队伍，应有机会接受教育和培训，应能生活于安全又符合个人选择的环境中，应尽可能长期地在家居住。

（2）参与原则。老年人应参与制定和执行涉及其福利的政策，对后代传播知识和技能，参与社会服务，组织老年人活动。

（3）照顾原则。老年人应享有家庭和社区照顾、保护，应得到保健、法律及社会各种有关服务。

（4）自我实现原则。老年人应该找机会充分发挥自己的潜力，应享受社会提供的教育、文化、精神和娱乐资源。

（5）尊严原则。老年人应过有尊严、有保障的生活，应得到社会公正对待。

一、马斯洛需求层次理论

（1）生理的需求。这是人类最基本的需求，如衣、食、住、行等。无论在何种水平下的社会中，生理需求都是其他各种需求的基础，人们首先要满足这种需求。

（2）安全的需求。这种需求可以分为两类：一类是现在的安全需求，即要求现在自己生活的各方面有所保证；另一类是未来的安全需求，即要求未来生活的各方面得到保障。

（3）归属与爱的需求。这种需求包括爱情、友谊、接纳等方面的需求。人是一种社会动物，具有社会性，在生活和工作的过程中希望融入群体或组织，而不是孤立地工作。

（4）尊重的需求。这种需求主要是指自尊和受人尊重。自尊是指一种对自己所取得的成就的自豪感，受人尊重是指别人对自己所取得的成就的一种认可和赞同。

（5）自我实现的需求。这是人类较高层次的需求，包括自我价值的实现、对成功事业的追求等，它是人类自身不断进步的内驱力，是人类需求的最高标准。

在马斯洛看来，人类的五种需求还可以分为高低两级：生理的需求和安全的需求称为较低级的需求；归属与爱的需求、尊重的需求和自我实现的需求称为较高级的需求。一般来说，人类的需求层次是从低级到高级逐渐递增的，只有低层次的需求得到满足，人类才要求高层次的需求，并且这种需求会越来越强。

马斯洛需求层次理论如图1-5所示。

二、基于马斯洛需求层次理论的老年人需求状况分析

（1）生理的需求。经济收入是满足生理需求的基础，生理需求的满足程度取决于老年人的经济收入水平。中国老年人的生活来源主要是退休金和家庭其他成员的供养，并且收入水平明显低于其他劳动年龄人口。老年人的经济收入较低，从而影响老年人生理需求的满足。

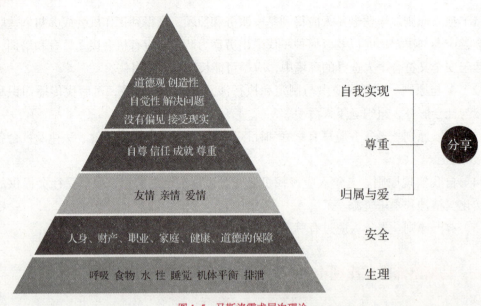

图1-5 马斯洛需求层次理论

（2）安全的需求。老年人的安全需求主要是指"消费有保障"和"生病有钱治"，即老年养老保险。但是，目前中国的养老保险和医疗保险的实施情况令人担忧。根据2006年的调查，2000年有将近22%的城市老年人没有享受退休金，而农村中的老年人享受养老保险的比例不到4.8%，与男性相比，女性老年人的社会养老保障覆盖面更小。

（3）归属与爱的需求。每个人都需要朋友、同事之间的融洽关系和忠诚的友谊；都希望爱别人，也渴望被别人爱。每个人都希望参加一个群体，并成为群体的一员，从而不再孤独。在老年人的情感世界里，存在老伴、子女、亲戚的亲情，还有邻里、同事的友情。老年人害怕寂寞、孤独，希望与朋友进行沟通交流，有长期稳定的感情寄托。但是，我国老年人的情感方面却存在许多问题。

（4）尊重的需求。老年人缺少可交换的资源，所以受到尊重的程度相对较低。另外，受到年龄歧视等主观因素的影响，老年人受到严重的社会歧视。在各种媒体报道中，虐待老人和赡养老人纠纷案件不断被披露出来，发人深省。

（5）自我实现的需求。社会情感选择理论认为，老年人社会网络和社会参与的减少应该看作老年人对资源的重新分配。老年人应该积极地对自己所参与的社会领域活动进行管理，从而调节自己的情绪和情感。老年人随着年龄的增大，可能会越来越多地选择那些产生积极情绪体验的社会活动，如公益活动、社区服务等，在参与这些社会活动的过程中实现自己的价值。

三、老年人权益内涵

（一）我国公民的八大基本权利

我国公民的八大基本权利包括政治权利和自由，宗教信仰自由，人身自由，批评、建议、申诉、控告、检举和取得赔偿权，社会经济权利，文化教育权利，妇女、老人、儿童受国家的保护，保护华侨、归侨和侨眷的权利和利益。

（二）老年人特殊权益

老年人享有法律规定的所有公民都应当享有的权利和利益，同时老年人作为社会弱势群体，又享有根据其自身特点和需要的特殊权益。根据法律的规定，老年人享有以下合法权益：

（1）人身自由和人格尊严受法律保护，禁止歧视、侮辱、虐待或者遗弃老年人。

（2）受赡养扶助的权利受法律保护，依法负有赡养扶助义务的赡养人必须履行赡养扶助义务。

（3）婚姻自由的权利受法律保护，任何单位和个人不得干扰、妨害老年人依法离婚、再婚。

（4）从国家和社会获得物质帮助的权利，享受社会发展成果的权利。

（5）依法处置个人财产的权利，子女或者其他亲属不得干涉，不得强行索取老年人的财物。

（6）依法继承父母、配偶、子女或者其他亲属遗产的权利，接受赠与的权利。

（7）继续受教育的权利。

（三）老年人权益的基本内容

老年人权益的基本内容有老有所养、老有所医、老有所为、老有所学和老有所乐等五个方面。

1. 老有所养

老有所养是指老年人依靠社会和家庭能够得到所需的生活照顾和经济、物质保障。现阶段老有所养的基本含义主要包括以下两个方面：

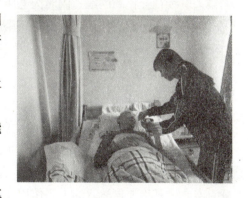

（1）老年人所需要的经济、物质生活条件基本得到保证。

（2）老年人在日趋衰老或因病痛，其生活不能自理时，应得到社会或家庭的帮助和照顾。目前，发达国家或地区一般都普及了老年社会保险制度，养老费用及对老年人的照顾主要由社会承担，因此老有所养主要是通过社会来实现的。

2. 老有所医

老有所医是指根据老年人的身体特点，积极发展医疗保健事业，使老年人有病得到治疗，以实现老年人延年益寿、安享晚年的一项对策。实现老有所医是解决人口老龄化问题的一项基本途径。具体做法如下：

（1）开设老年门诊、老年家庭病床。

（2）兴建老年病医院和老年病研究机构。

（3）开展对老年病防治知识的宣传和医疗咨询服务。

（4）组织有关部门为老年人定期检查和治疗等。

（5）积极开展老年体育活动，建立健身队、老年气功站、老年养生讲习班等。这些都是老有所医的补充形式。

3. 老有所为

老有所为是指发挥老年人的社会作用，使其参与社会事业，尽其所能的一项对策。实现老有所为也是解决人口老龄化问题的一个基本途径。实现老有所为的办法如下：

（1）对部分身体好、精力充沛、有技能、单位确实需要的老年人，实行弹性退休制度，推迟其退休年龄，以继续发挥其才能和作用。

（2）对65岁或70岁以下的退休人员实行再就业，重点发展为人民生活服务的第三产业。

（3）充分发挥老年人知识积累较多和经验丰富的特点，向社会传播文化或进行社会调查，为企事业单位提供咨询服务。

（4）从事适量的体力劳动（包括农业生产劳动）。

（5）从事各种有益于社会的活动和工作，如维护公共场所秩序，负责街道、治安、卫生工作，担任义务物价员、宣传员等。

（6）为家庭做力所能及的家务劳动。这种劳动也具有一定的社会意义和社会作用。

（7）发展老年教育事业，更新老年人知识。这既充实了老年人的精神生活，又解决了老年人继续社会化的问题，同时为老年人继续参与社会工作创造了条件。

（8）投身于有兴趣的、爱好的闲暇活动，如吟诗作画、习书法、种花养鸟等，以充实老年人的生活。

4. 老有所学

老有所学是指根据老年人的特点，开展多种形式的教育活动，促使老年人更新知识、充实精神生活、继续发挥作用的一项对策。

老年人再学习的形式很多，主要包括出国留学、上大学或进大学旁听、进老年大学、成立诗社或组织读书会、从事社会调查、自学等。老年人再学习既是社会的需要，也是自身的需要。老年人再学习的主要作用在于：

（1）有利于老年人适应社会发展的变化，为老年人参与社会工作、再就业创造条件。

（2）有益于老年人精神生活的充实，既增加乐趣、陶冶性情，又保持脑力、有益健康长寿和提升思想修养。

（3）老有所学的问题解决了，就为老有所养、老有所医、老有所为提供了知识、能力和水平，也为老有所乐增加了情趣。它是老年人健康长寿、愉快而有意义的安享晚年的有效形式。

5. 老有所乐

老有所乐是指根据老年人的生理和心理特点，积极开展老年人文娱体育活动，丰富老年人的物质文化生活，使老年人幸福、愉快安度晚年的一项对策。解决老有所乐的具体做法如下：

（1）兴办老年人的娱乐场所，如老年人俱乐部、老年人联谊会等。

（2）举办老年人锻炼及养生讲习班。

（3）建立老年人社团，开展各项有益于老年人身心的社会活动。

（4）成立老年人服务中心，帮助解决老年人生活中的困难。

（5）增加完善社会福利设施，丰富老年人的物质文化生活。

（6）为老年人提供必要的活动经费。

（7）在全社会树立尊老、敬老、爱老和养老的社会风气，使老年人在社会上得到公正、合理的待遇，这是老有所乐的社会基础。

【自学自测】

一、填空题

1. 积极老龄化是指老年人的_____、_____和_____达到最佳的过程，这个概念基于联合国提出的"_____、_____、_____、_____和_____"原则，延伸了成功老龄化的概念，强调了老年人应持续地参与社会、经济、文化、宗教与公众事务。

2. 老年人需求分为_____、_____、_____、_____、_____。

3. 老年人权益基本内容有_____、_____、_____、_____和_____等五个方面。

二、简答题

1. 马斯洛需求层次包括人类的五种需求，具体内容是什么？
2. 我国公民的八大基本权利包括哪些？
3. 老年人的特殊权益有哪些？

【实训演练】

一、实训步骤

（1）完成实训资料及案例的学习，整合教材、网络、调研等相关知识。

（2）本项目包含4个实训任务，请依次完成。

（3）在实训过程中可采用线上线下混合学习的方式，学生以小组为单位合作完成。

（4）请将每个实训任务的成果整理到相关表格中。

（5）本项目最终成果完成拓展任务《个人职业规划书》，团队合作角色扮演《我的职业我的梦》。

二、实训资料

国外养老模式

在丹麦，目前最流行的是自助养老社区。在那里，老人可以做自己想做的事，可以约上老友，或者志趣相同的伙伴住在一起，一块儿钓鱼、养花，共同建设属于他们自己的家园，独享的公寓，共享的餐饮、花园，个性化的小手工工艺车间、小农场等，只要老人们想到的，在这里都能得到充分的满足，他们还可共同租用特别的照料服务，这种社区在哥本哈根郊区每月要1000欧元。

异地养老、跨国发展养老产业在欧洲渐成潮流。挪威的卑尔根、奥斯陆、贝鲁姆等市已经先后在西班牙南部开设了大型养老公寓，那里的地产价格低廉，有充足的阳光，吸引着越来越多的企业和老年人。北欧其他国家的老年人到西班牙养老，看中的不仅是那里自然环境，还有功能齐全的养老设施、良好的公共医疗卫生服务和保险服务等。与此同时，西班牙的实业家们也盯紧了那些希望来西班牙养老的北欧人的"钱口袋"。异地养老实在是一项互利双赢的好事情，已经被越来越多的国家、企业和老年人认可。

美国社会非常发达，还是以家庭养老为主。真正进入机构养老的只有20%，其他都是家庭养老。很多美国老年人都拿着退休金到风景优美、适宜养老的国度或地区养老，如美国退休的老年人到佛罗里达、夏威夷、墨西哥海滨购房长住，安度晚年。在美国一些地方，"以房养老"已被众多美国人认为是一种最有效的养老方式。许多美国老年人在退休前10年左右就为自己养老而购买了房子，然后把富裕的部分出租给年轻人使用，利用年轻人支付的房租来维持自己退休后的生活。由于美国的房屋出租业比较发达，美国人支出的房租大约占个人支出的1/4~1/3，因而房屋出租的收益也是比较可观的。除此之外，美国政府和一些金融机构向老年人推出了"以房养老"的倒按揭贷款，至今已有多年的经验。"倒按揭"发放对象为62岁以上的老年人，有三种形式：联邦住房管理局有保险的住房倒按揭贷款、联邦住房管理局无保险的倒按揭贷款、放贷者有保险的倒按揭贷款。前两种形式与政府行为相关，后一种形式则由金融机构等办理，无须政府认可手续。除美国之外，加拿大也是倒按揭贷款业务发展比较快的国家之一。

日本作为世界上老龄化最严重的国家，2019年65岁以上的老人与总人口的占比已经高达27%。随着社会的发展，日本的养老方式也逐渐由家庭走向社会。把居家养老与社会养老结合起来，是日本流行的养老方式。企业在养老方面也做出了各种尝试。例如，松下国际电子公司已经设立了专门的养老部门，在大阪建造了一所具有高科技含量的综合型养老院。在那里，老年人不仅可以和机器宠物玩耍，还能通过互联网与亲朋好友保持联系。韩国三星等公司也在积极建设针对不同消费层的老年公寓。

中共中央国务院印发《国家积极应对人口老龄化中长期规划》

为积极应对人口老龄化，按照党的十九大决策部署，2019年11月，中共中央、国务院印发了《国家积极应对人口老龄化中长期规划》（以下简称《规划》）。《规划》近期至2022年，中期至2035年，远期展望至2050年，是到21世纪中叶我国积极应对人口老龄化的战略性、综合性、指导性文件。

《规划》指出，人口老龄化是社会发展的重要趋势，是人类文明进步的体现，也是今后较长一段时期我国的基本国情。人口老龄化对经济运行全领域、社会建设各环节、社会文化多方面乃至国家综合实力和国际竞争力都具有深远影响，挑战与机遇并存。

《规划》强调，积极应对人口老龄化是贯彻以人民为中心的发展思想的内在要求，是实现经济高质量发展的必要保障，是维护国家安全和社会和谐稳定的重要举措；要按照经济高质量发展的要求，坚持以供给侧结构性改革为主线，构建长远的制度框架，制定见实效的重大政策，坚持积极应对、共建共享、量力适度、创新开放的基本原则，走出一条中国特色应对人口老龄化的道路。

《规划》明确了积极应对人口老龄化的战略目标，即积极应对人口老龄化的制度基础持续巩固，财富储备日益充沛，人力资本不断提升，科技支撑更加有力，产品和服务丰富优质，社会环境宜居友好，经济社会发展始终与人口老龄化进程相适应，顺利建成社会主义现代化强国，实现中华民族伟大复兴的中国梦。到2022年，我国积极应对人口老龄化的制度框架初步建立；到2035年，积极应对人口老龄化的制度安排更加科学有效；到21世纪中叶，与社会主义现代化强国相适应的应对人口老龄化制度安排成熟完备。

《规划》从五个方面部署了应对人口老龄化的具体工作任务。

一是夯实应对人口老龄化的社会财富储备。通过扩大总量、优化结构、提高效益实现经济发展与人口老龄化相适应。通过完善国民收入分配体系，优化政府、企业、居民之间的分配格局，稳步增加养老财富储备。建立健全更加公平、更可持续的社会保障制度，持续增进全体人民的福祉水平。

二是改善人口老龄化背景下的劳动力有效供给。通过提高出生人口素质、提升新增劳动力质量、构建老有所学的终身学习体系，提高我国人力资源整体素质。推进人力资源开发利用，实现更高质量和更加充分的就业，确保积极应对人口老龄化的人力资源总量足、素质高。

三是打造高质量的老年人服务和产品供给体系。积极推进健康中国建设，建立和完善包括健康教育、预防保健、疾病诊治、康复护理、长期照护、综合安宁疗护、连续的老年健康服务体系。健全以居家为基础、社区为依托、机构充分发展、医养有机结合的多层次养老服务体系，多渠道、多领域扩大适老产品和服务供给，提升产品和服务质量。

四是强化应对人口老龄化的科技创新能力。深入实施创新驱动发展战略，把技术创新作为积极应对人口老龄化的第一动力和战略支撑，全面提升国民经济产业体系智能化水平。提高老年服务科技化、信息化水平，加大老年健康科技支撑力度，加强老年辅助技术研发和应用。

五是构建养老、孝老、敬老的社会环境。强化应对人口老龄化的法治环境，保障老年人合法权益。构建家庭支持体系，建设老年友好型社会，形成老年人、家庭、社会、政府共同参与的良好氛围。

《规划》要求，坚持党对积极应对人口老龄化工作的领导，坚持党政主要负责人亲自抓、负总责，强化各级政府落实《规划》的主体责任，进一步完善组织协调机制。推进国际合作，推动与"一带一路"相关国家开展应对人口老龄化的政策对话和项目对接。选择有特点和代表性的区域进行应对人口老龄化工作综合创新试点。建立健全工作机制、实施监管和考核问责制度，强化对《规划》实施的监督，确保《规划》落实。

三、实训案例

案例1： 贵州一家幼儿园，一个老人去接孙子。但因为他前一天刚从乡下过来，跟孙子不熟，碰巧幼儿园另一个孩子和他家孙子长得有点像，名字也只差一个字。结果，老人就把别人家的孩子接走了，还领着"孙子"去菜市场买了菜，又去诊所打了一针。其实中途，被领错的孩子就发觉跟错了人，提醒过老人几次，但老人听力不好，稀里糊涂一直带着他走。另一边，那个小孩的家长发现孩子被别人领走，以为遭遇人贩子，一下慌了神，在朋友圈四处转发"人贩子"照片。直到老人的儿子看到，发现"这不是我老爸吗"，才化解了这场乌龙。这样的老人为数也不少——他们很老了，心智其实也下降了，但依然不得不配合子女的生活节奏，迫使自己融入子女的生活。

案例2： 每天上午10点，89岁的马心如（化名）老人就在社区"入托"了。老人"入托"1年多，"入托费"社区给她打了9折，每天只要9元钱，包括一顿两菜一汤的午饭。老人与女儿一起居住，每天早晨，女儿出门时她也跟着出门，在外面溜达一会儿，10点到社区。有时候她会在棋牌室看人打扑克，看累了就回日间照料室看电视剧，或者与助老协管员聊天。11点多，协管员叫老人一起去食堂吃饭。午饭是发糕、粥和西红柿炒鸡蛋、干豆腐。老人不吃干豆腐，协管员让食堂大师傅又给拌了点咸菜。协管员说，老人每顿都离不了咸菜，遇到食堂没有咸菜，她就出去给老人买榨菜。午饭后，协管员陪老人散会儿步，老人就回照料室睡觉了。15点，老人起床去超市，协管员对老人的照顾也结束了。老人说，在超市待1个多小时，她就往家返，17点到达楼下的烧饼店，在那等着女儿回来，一起上楼。

四、实训任务

实训1：小组合作完成任务一情境导入案例任务。

情境导入案例任务	
问题	内容
"离退休综合征"表现	
搜集你所了解的养老方式	
情境任务分析	
完成任务为老陈推荐养老方式	

实训2：小组合作完成任务二情境导入案例任务。

情境导入案例任务	
问题	内容
老王家目前的危机	
情境任务分析，找到老王目前的需求	
解决方案	

实训3：小组合作，结合资料提炼知识，预测养老行业未来发展方向。

养老行业发展方向	
养老方式	发展方向
居家养老	
社区养老	
机构养老	

实训4：以小组为单位，对居家老年人养老服务需求进行调查，每组调查20名以上不同类型的老年人，根据调查结果，完成居家老年人养老服务需求调研总结。

居家老年人养老服务需求调查问卷			
姓名	年龄	性别	婚姻状况	家庭住址
经济需求	1. 您主要的经济来源是什么？		A. 退休金 B. 子女提供生活费 C. 自己的劳动收入 D. 社会保险和救助 E. 其他
	2. 您的医疗费用来源有哪些？		A. 公费医疗 B. 社会医疗保险 C. 农村合作医疗 D. 商业医疗保险 E. 自己支付 F. 子女支付
	3. 您认为目前的收入是否足够支持您每日的支出？		A. 足够 B. 基本足够 C. 不够
	4. 您的主要经济支出有哪些？		A. 衣　B. 食 C. 住　D. 行

续表

居家老年人养老服务需求调查问卷			
姓名		年龄		性别		婚姻状况		家庭住址	
照料需求	1. 您对现在的生活满意吗？	A. 非常满意 B. 比较满意 C. 不太满意 D. 非常不满意
	2. 您的身体状况如何？	A. 良好 B. 一般 C. 较差，但能自理 D. 很差，基本不能自理 E. 非常差，完全不能自理
	3. 如果可以选择，您最喜欢哪种养老方式？	A. 居家养老 B. 社区养老 C. 养老院养老
精神需求	1. 您的子女多长时间回来一次？	A. 每天　B. 1周 C. 半个月　D. 1个月 E. 1年　F. 其他
	2. 您的子女回家陪您的活动主要有哪些？	A. 聊天 B. 看电视 C. 家庭聚餐 D. 外出游玩 E. 各做各的事
	3. 当您有了难处和心事，一般找谁说？	A. 老伴　B. 子女 C. 亲属　D. 邻居 E. 老朋友
	4. 您平时觉得孤独吗？	A. 孤独　B. 不孤独 C. 偶尔孤独
社会需求	1. 您所在地区是否有老年活动中心？	A. 有　B. 没有 C. 有，但设施不全或不经常开放
	2. 您空闲时的主要休闲活动有哪些？	答：
	3. 您目前生活中最大的困难是什么？	答：

项目一　老年人政策法规概述

居家老年人养老服务需求调研总结	
需求	内容
调查的时间、地点、对象、范围、调查对象的基本情况、历史背景	
老年人经济需求	
老年人照料需求	
老年人情感需求	
老年人社交需求	
结论	

【拓展延伸】

任务1：完成《个人职业规划书》。从自我分析、职业分析、职业定位、计划实施等方面做出你未来的职业规划。

个人职业规划书		
项目	内容	
自我分析	职业兴趣（喜欢干什么）： 职业能力（能够干什么）： 个人特质（适合干什么）： 职业价值观（最看重什么）： 胜任能力（优劣势是什么）：	

续表

个人职业规划书	
项目	内容
职业分析	家庭环境分析（如经济状况、家人期望、家族文化等以及对本人的影响）： 学校环境分析（如学校特色、专业学习、实践经验等）： 社会环境分析（如就业形势、就业政策、竞争对手等）： 行业分析（如养老行业现状及发展趋势）：
职业定位	综合第一部分（自我分析）及第二部分（职业分析），主要得出本人职业定位、将来从事岗位工作： 职业发展策略举例［进入××类型的组织（到××地区发展）］： 职业发展路径举例［走技能路线（管理路线等）］：
计划实施	短期计划（在校计划）： 中期计划（毕业后5年计划）： 长期计划（毕业后10年或以上计划）：

任务2：小组合作角色扮演《我的职业我的梦》。

项目二 老年人家庭赡养与扶养

【学习导语】

　　敬老爱幼是中华民族的传统美德，家庭养老是我国传统的养老模式，"老有所养"是每一位老年人所期盼的，也是构建和谐社会所必备的重要因素。本项目通过学习老年人家庭养老中的赡养、婚姻、继承等问题，使学生掌握相关权利与义务，协助老年人解决家庭问题，从而更好地为老年人服务。

【学习目标】

知识目标：

1. 了解赡养人的权利与义务，掌握赡养义务的内容。
2. 了解结婚与离婚的条件，掌握婚姻制度的基本原则。
3. 掌握遗产继承顺序及遗产的分配原则。

能力目标：

1. 协助老年人分析赡养权利与义务的关系，帮助老年人解决赡养问题。
2. 协助老年人分析婚姻中存在的问题，帮助老年人处理婚姻问题。
3. 协助老年人分析继承关系，帮助老年人解决财产继承问题。

素质目标：

1. 培养孝道传承精神。
2. 树立为老年人维权的意识。

项目二　老年人家庭赡养与扶养

【思维导图】

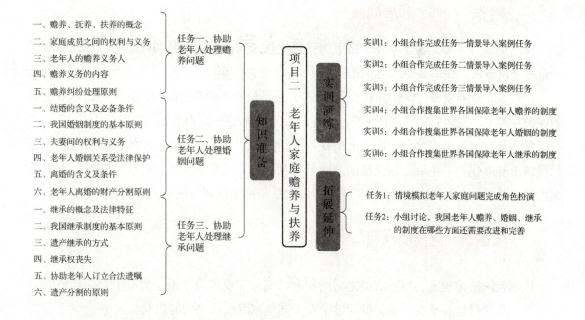

任务一
协助老年人处理赡养问题

情境导入

周老太老伴不幸病故后，独自含辛茹苦将两儿两女抚养成人并成家立业。她的子女有的在企业上班，有的甚至当了公司老板，经济条件都不错。随着时间流逝，周老太因年老体衰无法独立生活，无人照顾，而四个子女却以种种理由相互推诿，拒不履行赡养义务。审理得知，起初老人是由大儿子赵大赡养照料，后赵大认为弟弟赵二也应分担其赡养义务，遂要求与赵二共同赡养老人，却遭到赵二拒绝。两个女儿则认为老人的两个儿子都对母亲不管不顾，自己只是出嫁的女儿"泼出去的水"，更是没有赡养老人的义务。

问题讨论：

1. 周老太两个儿子有赡养义务吗？
2. 周老太两个女儿有赡养义务吗？
3. 作为养老服务人员你觉得如何处理案例出现的问题？

【知识学习】

一、赡养、抚养、扶养的概念

所谓赡养，主要是指子女在经济上为父母提供必需的生活用品和费用的行为，即承担一定的经济责任，提供必要的经济帮助，给予物质上的帮助。

一般说，抚养就是"保护并教养"。抚养关系是长辈和晚辈之间的，并且是长辈对晚辈的保护并教养，强调的是教育和保护，抚养的目的是要让子女健康成长。

扶养有广义、狭义之分，广义上的扶养泛指特定亲属之间根据法律的明确规定而存在的经济上相互供养、生活上相互辅助照顾的权利与义务关系；狭义上的扶养则专指平辈亲属之间尤其是夫妻之间依法发生的经济供养和生活扶助的权利与义务关系。

二、家庭成员之间的权利与义务

依据我国法律规定，家庭成员之间的权利与义务主要涵盖了婚生父母子女、非婚生父母子女、养父母与养子女、继父母与继子女、其他家庭成员之间的权利与义务。

（一）婚生父母子女之间的权利与义务

（1）父母对子女有抚养教育的义务。父母不履行抚养义务时，未成年或不能独立生活的成年子女，有要求父母付给抚养费的权利。

（2）子女对父母有赡养扶助的义务。子女不履行赡养义务时，无劳动能力的或生活困难的父母，有要求子女付给赡养费的权利。

（3）禁止溺婴、弃婴和其他残害婴儿的行为。

（4）子女可以随父姓，也可以随母姓，也可随直系长辈血亲的姓氏。

（5）父母有管教和保护未成年子女的权利与义务。在未成年子女对国家、集体或他人造成损害时，父母有承担民事责任的义务。

（6）父母和子女有相互继承遗产的权利。

（7）子女应当尊重父母的婚姻权利，不得干涉父母再婚以及婚后的生活。子女对父母的赡养义务，不因父母的婚姻关系变化而终止。

（二）非婚生父母子女之间的权利与义务

（1）非婚生子女享有与婚生子女同等的权利，任何人不得加以危害和歧视。

（2）非婚生子女的亲生父母，都应负担子女的生活费和教育费，直至子女能独立生活为止。

（3）非婚生父母子女之间相互享有继承权。

（三）养父母与养子女之间的权利与义务

（1）养父母与养子女之间的权利与义务适用《中华人民共和国民法典》（以下简称《民法典》）对婚生父母子女关系的有关规定，但对于养子女的姓氏，可以随养父或养母的姓，经过协商同意可以保留原姓。

（2）养子女和养父母的其他亲属之间的权利与义务适用我国《民法典》对子女和其他亲属之间权利与义务的有关规定。

（3）养子女和生父母之间的权利与义务，因收养关系的成立而暂停，在收养关系解除后生父母与生子女之间的权利与义务关系恢复。

（四）继父母与继子女之间的权利与义务

（1）继父母与继子女间不得虐待或歧视。

（2）继父母和受其抚养教育的继子女间的权利与义务，适用我国《民法典》对婚生父母子女关系的有关规定。

（3）有扶养关系的继父母与继子女作为第一顺序继承人相互享有继承权。

（五）其他家庭成员之间的权利与义务

（1）兄弟姐妹及祖孙之间有相互扶养的义务。

（2）兄弟姐妹及祖孙之间有相互继承遗产的权利。

（3）兄弟姐妹及祖孙之间有监护权利与义务关系。

三、老年人的赡养义务人

赡养人的赡养义务是一项法定责任，赡养人不得以放弃继承权或者其他理由，拒绝履行赡养义务，若赡养人不履行赡养义务，老年人则有权利要求赡养人给付赡养费。根据《民法典》《老年人权益保障法》等相关规定，老年人的赡养义务人包括老年人的子女以及其他依法负有赡养义务的人，主要包括以下四类。

（一）亲生子女（包括婚生与非婚生子女，依法送养的除外）

我国《民法典》第二十六条规定："父母对未成年子女负有抚养、教育和保护的义务。成年子女对父母负有赡养、扶助和保护的义务。"

（二）养子女

养父母子女关系是养父母根据规定的条件和程序，依法收养他人子女为自己子女形成的权利与义务关系。自收养关系成立之日起，养父母与养子女的权利与义务关系，适用法律关于父母子女关系的规定。因此，养子女对养父母有赡养义务。

（三）继子女

我国《民法典》第一千零七十二条规定："继父母与继子女间，不得虐待或者歧视。"继父母子女关系是指由于生父母一方死亡，另一方带子女再婚或生父母离婚后再婚形成的权利与义务关系。继父母和受其抚养教育继子女的权利与义务关系，适用本法关于父母子女关系的规定。因此，受到继父母抚养教育的继子女对继父母有赡养义务。

（四）其他赡养义务人

我国《民法典》第一千零七十四条规定："有负担能力的祖父母、外祖父母，对于父母已经死亡或者父母无力抚养的未成年孙子女、外孙子女，有抚养的义务。有负担能力的孙子女、外孙子女，对于子女已经死亡或者子女无力赡养的祖父母、外祖父母，有赡养的义务。"

四、赡养义务的内容

根据《老年人权益保障法》第十四条规定："赡养人的赡养义务是指对老年人经济上供养、生活上照料和精神上慰藉以及照顾老年人的特殊需要。"

（一）经济上供养

经济上供养是指要为老年人提供必要的衣、食、住、行的条件。与子女生活在一起的老年人，子女应该保证老年人暖衣饱食、营养充足。有条件的可以为老年人单独安排一定住房，没有条件的也要为老年人妥善安排一个住处。对于不能或不愿与子女生活在一起的老年人，子女应根据老年人实际需要和自己的负担能力，为老年人提供必要的赡养费用。

（二）生活上照料

生活上照料是指对老年人的起居、饮食、睡眠、活动、安全、居住条件以及卫生条件、心理状况等诸多方面策划、安排、照顾，帮助老年人解决日常生活中的一些困难。老年人年迈体衰，力所不能及，生活上需要多方面的帮助。

（三）精神上慰藉

精神上慰藉是指满足老年人精神上、心理上的需求。随着年事增高，老年人期盼能经常与家人团聚，尽享天伦之乐，经常得到子女的关怀、问寒问暖，经常能够与子女聊聊天、叙叙家常，子女应多听取老年人心声，减轻老年人的思想负担和精神压力，让老人保持愉悦心情，提高生活质量。

（四）特殊要求

除了上述三方面，子女还应满足老年人的特殊需要。如，义务耕种老年人的责任田，义务照管老年人的责任林和牲畜等。

五、赡养纠纷处理原则

（一）依法处理原则

我国《宪法》第四十九条规定："成年子女有赡养扶助父母的义务。"《民法典》第一千零六十七条规定："子女对父母有赡养扶助的义务，子女不履行赡养义务时，无劳动能力的或者生活困难的父母，有要求子女付给赡养费的权利。"《老年人权益保障法》第十四条规定："赡养人应当履行对老年人经济上供养、生活上照料和精神上慰藉的义务，照顾老年人的特殊需要。"《刑法》第二百六十条规定："虐待家庭成员，情节恶劣的处二年以下有期徒刑，拘役或者管制。犯前款罪，致使被害人重伤、死亡的，处二年以上七年以下有期徒刑。"关心、呵护和帮助老年人，不仅是我国劳动人民长期以来形成的优良传统，亦是法律赋予每个子女的责任。上述一系列法律为我们正确及时地处理赡养纠纷提供了法律上的依据。

（二）各方利益衡量原则

子女对父母的赡养义务是建立在父母对子女的抚养义务的基础上的，二者之间是相互对应，密切联系不可分割的关系。我国《民法典》规定，子女对父母有赡养义务规定的同时，亦规定了"父母对子女有抚养教育的义务"，如果父母从小就将子女遗弃，那么成年子女对父母就没有赡养的义务。另外，如果父母对子女有其他犯罪行为，成年子女对父母亦失去赡养的义务，这体现了权利、义务相一致的原则。在处理赡养纠纷时，既要保证老年人的生活，也要适当考虑子女的赡养能力，不能片面地考虑单方面的利益。

（三）注重调解的原则

赡养纠纷属于家庭内部矛盾，家庭成员之间存在着特殊的身份、血缘等关系，争议的内容不仅仅是法律上的权利与义务关系，而且涉及更深层的情感、心理等复杂因素。当事人内心更多的是希望既能解决纠纷保护自己的权利，又不伤和气，不撕破脸面，调解成功后社会效果往往比较好。在调解过程中，要结合中华民族养老敬老的优良传统及有关法律法规，耐心细致地做好当事人的思想工作，及时有效地解决纠纷。

（四）加强精神赡养原则

随着生活水平的提高，许多老年人衣食无忧，他们最大的愿望就是自己的子女能多和他们聊聊天、叙叙家常，沟通交流一下思想感情，享受天伦之乐，但由于现代生活节奏的加快，子女和老人谈心交流的时间较少，老人的孤独感增强。这就要求子女不仅在物质上对老年人予以帮助，而且还要在精神上给老年人慰藉。作为子女可以定期或不定期探视老年人，给予生活精神上的关心帮助，在老人生病时给予医治并适当陪护，不虐待遗弃老人，不能限制老年人的生活及人身自由，不侮辱、伤害老年人等，否则要承担相应的法律责任。

【自学自测】

一、填空题

1. 《老年人权益保障法》规定，赡养人应当履行对老年人_____、_____、_____的义务，并照顾老年人的_____需要。

2. 依据《民法典》中家庭成员之间的权利与义务主要涵盖了_____、_____、_____、_____、_____的权利与义务。

3. 《民法典》规定："有负担能力的祖父母、外祖父母，对于父母已经_____或者父母无力_____孙子女、外孙子女，有抚养的义务。有负担能力的孙子女、外孙子女，对于子女已经_____或者子女无力_____的祖父母、外祖父母，有赡养的义务。"

二、简答题

1. 解释赡养、抚养、扶养？
2. 赡养纠纷处理原则？

任务二 协助老年人处理婚姻问题

情境导入

家住郑州市中原区的老黄、老秦夫妇均已年近七十，生有三子，均不在身边，因老两口退休在家无所事事，去年大儿子给爱听豫剧的父亲安了一台电脑，并教会老父亲上网。身为退休知识分子的老黄很快就学会了上网。2011年3月份，老黄忽然离家出走不知去向，其老伴秦女士和三个儿子到处寻找，仍不知其下落。2011年7月，秦大妈忽然收到了法院的传票，相伴近五十年的老伴将自己告上了法庭，要求离婚。秦大妈立即赶到法院，向法官诉说了其中真情。原来自从老黄学会上网以后，就迷上了QQ聊天，并在网上认识了一个叫"网络玫瑰"的女子，两人经常聊到深夜，因秦大妈不识字，并不知道他们聊天的内容，后来老黄失踪后，通过其儿子查看老黄的聊天记录后，才知道了事情的经过，原来老黄是和"网络玫瑰"见面去了。

老黄是郑州国有公司技术骨干，退休前工作忙，为照顾三个孩子，秦大妈不得不辞掉工作操持家务。因三个儿子均在外地工作，退休后清闲下来的老黄，忽然变得无所事事，这才发生了以上事情。秦大妈认为，他们夫妻双方的感情一直都很好，她向来都听老黄的安排，为他生儿育女、洗衣做饭，但万万没想到，老黄会提出离婚。

问题讨论：

1. 上述案例中夫妻二人的婚姻存在什么问题？
2. 案例中三个子女存在什么问题？
3. 作为养老服务人员，如何帮助他们解决婚姻问题？

【知识学习】

一、结婚的含义及必备条件

（一）结婚的含义

结婚，法律上称为婚姻成立，是指配偶双方依照法律规定的条件和程序确立配偶关系的民事法律行为，并承担由此而产生的权利、义务及其他责任。历史上合法的婚姻形式有多种，包括仪式婚、登记婚、登记与仪式结合三种。我国认可的合法的婚姻形式只有一种，即登记婚。男女双方应当到婚姻登记机关即县级以上人民政府民政部门进行结婚登记，才能成为合法的夫妻。

（二）结婚的要件

根据《民法典》的规定，结婚的实质要件有：
（1）必须男女双方完全自愿。
（2）必须达到男22周岁、女20周岁的法定婚龄。
（3）必须符合一夫一妻制。
（4）直系血亲之间、三代以内的旁系血亲之间禁止结婚。

二、我国婚姻制度的基本原则

（一）婚姻自由的原则

婚姻自由包括结婚自由和离婚自由这两个方面的内容。结婚自由，即结婚须男女双方完全自愿，不许任何一方强迫他方或任何第三者加以干涉；离婚自由，即男女任何一方基于夫妻感情破裂而提出解除婚姻关系的请求，均受到法律的保护。

（二）一夫一妻的原则

一夫一妻的原则是指一个男人只能有一个妻子，一个女人只能有一个丈夫，无论男女都不许同时有两个或更多的配偶。它要求禁止重婚，反对通奸、姘居和卖淫的行为。

（三）男女平等的原则

男女平等的原则是指男女两性在婚姻家庭中享有平等的权利和履行平等的义务。我国婚姻法有男女平等原则的具体规定，包括政治上、经济上、人格上、社会地位上，财产继承上的一律平等。

（四）保护妇女、儿童和老人合法权益的原则

这主要是考虑到由于社会历史原因和自身特点，妇女、儿童和老人往往是社会的弱者，因而要给予特殊的关心和保护所做出的重要的规定。

（五）计划生育原则

实行计划生育是指有计划地生育子女。这是我们国家的一项基本国策。其意义在于实行计划生育有利于物质资料的生产和人类自身生产的基本平衡；有利于实现国家总任务；有利于提高人民的物质生活水平。国家对晚婚晚育者在假期、福利、住房等方面都有优惠政策。

三、夫妻间的权利与义务

男女结婚后成为夫妻，夫妻之间存在有相互的权利与义务关系。夫妻之间的权利与义务主要包括：

（一）夫妻对家庭共同财产享有同等的所有权和平等的处分权

夫妻在婚姻关系存续期间所得的财产，归夫妻共同所有。这种家庭共同财产是一个整体的权利，绝不能因夫妻收入的多少来划分权利比例，夫妻双方对共同财产享有平等的占有、使用、收益和处分的权利。法律也允许夫妻双方在自愿和合法的基础上，对财产问题做出约定。夫妻对家庭财产的归属使用等有约定并合乎法律规定的，应当依照约定。

（二）夫妻之间有相互扶养的义务

夫妻双方在婚姻关系存续期间，在生活上和物质上要相互扶助、给予供养，当夫妻一方失去劳动能力时，另一方负有扶养和照顾对方生活的义务；当夫妻一方生病时，另一方必须给予照顾或者送院治疗，承担相应的医疗和护理费用；当配偶一方为无行为能力或者限制行为能力时，另一方有担任法定的监护人的权利与义务。夫妻之间的扶养义务和接受扶养的权利是完全平等的，双方应自觉履行扶养义务。如果夫妻双方因扶养发生纠纷时，可以向人民法院起诉要求对方承担扶养义务。拒不履行对无独立生活能力的配偶抚养义务，情节恶劣的，构成遗弃罪，要承担相应的刑事责任。

(三)夫妻之间有相互继承遗产的权利

夫妻双方互为对方遗产的法定第一顺序继承人。夫妻一方死亡后,应先将夫妻共同财产进行分割,其中一半为其配偶所有,其余的是死者的遗产,按法律规定进行继承。禁止以任何形式侵犯公民(尤其是丧偶女性)对配偶遗产的继承权。

(四)夫妻之间有生育权和计划生育的义务

生育是夫妻关系自然属性的体现。夫妻双方生活的一项重要内容就是生育和抚养下一代,为人类的延续进行人口再生产。夫妻双方组成家庭后,有权决定是否生育。

男女双方因合法的婚姻形成夫妻之间的权利与义务关系,这种权利与义务关系是平等的。由于妇女在生理上的特点和长期男尊女卑封建传统残余的存在,仅仅强调男女平等,还不能完全地真正实现这一目标。因此,作为夫妻关系中男女平等原则的补充,我国法律又确立了在夫妻关系中强调保护妇女合法权益的原则。

四、老年人婚姻关系受法律保护

(一)保障老年人婚姻自由的必要性

婚姻自由是我国婚姻制度的首要原则。其基本含义是指每个公民在不违反法律和社会公德的前提下,有权依照自己的意愿自主地决定婚姻问题,任何人不得限制和干涉。随着科学技术进步,经济发展,人类的寿命越来越长,婚龄也越来越长。人到老年体弱多病,生活上需要相互之间的扶持及物质上、精神上的支援。夫妻间无私的爱对老年人晚年生活有很大帮助,家庭为老年人发挥余热创造条件,减轻子女的负担,还可减轻国家与社会的负担,维护社会安定。

(二)保障老年人婚姻自由的基本内涵

《民法典》第一千零六十九条规定:"子女应当尊重父母的婚姻权利,不得干涉父母离婚、再婚以及婚后的生活。子女对父母的赡养义务,不因父母的婚姻关系变化而终止。"《老年人权益保障法》第二十一条规定:"老年人的婚姻自由受法律保护。子女或其他亲属干涉老年人离婚、再婚及婚后生活。赡养人的赡养关系不因老年人的婚姻关系变化而消除。"从规定来看,主要强调了两个方面的内容:第

一是老年人的婚姻自由受法律保护，子女应当尊重父母的婚姻权利，包括离婚和再婚的自主权利。父母是否再婚，与谁结婚应由其自主决定。父母再婚后，子女不得干涉父母婚后的生活。第二是子女对父母的赡养义务，不因父母的婚姻关系变化而终止。无论父母的婚姻关系发生如何变化，子女对父母都有赡养扶助的义务。子女对父母的赡养义务是无期限的。父母婚姻关系的变化不导致子女赡养义务的消除。

（三）干涉老年人婚姻和拒绝赡养老人的刑事责任

对于那些暴力干涉老年人婚姻和拒绝赡养老人的子女，情节严重构成犯罪的，应当依法追究其刑事责任。《刑法》第二百五十七条规定："以暴力干涉他人婚姻自由的，处二年以下有期徒刑或者拘役。犯前款罪，致使被害人死亡的，处二年以上七年以下有期徒刑。"

（四）老年同居、"走婚"不受法律保护

《民法典》要求结婚的男女双方必须亲自到婚姻登记机关进行结婚登记，取得结婚证，才能确立夫妻关系。老年同居、"走婚"并不受法律的保护，当"走婚"遇到了问题，解决起来并不容易。比如，"走婚"老人突然生病或遇到意外，"走婚"时财物发生了损失、被盗等，子女都可能将责任归咎于另一方或其家人，引发矛盾和纠纷。同居、"走婚"的

形式，虽然排除了因老年人再婚引发的房产、财产等分割问题的纠纷，但事实上并不合法，不受法律的保护。另外，老年同居、"走婚"也为诈骗者创造了可乘之机。依法办理婚姻登记是防止被骗的有效途径之一。

五、离婚的含义及条件

（一）离婚的含义

离婚是指夫妻双方通过协议或诉讼的方式解除婚姻关系，终止夫妻间权利与义务的法律行为。

（二）离婚的条件

《民法典》第一千零七十九条规定："夫妻一方要求离婚的，可以由有关组织进行调解

或者直接向人民法院提起离婚诉讼。人民法院审理离婚案件，应当进行调解；如果感情确已破裂，调解无效的，应当准予离婚。

有下列情形之一，调解无效的，应当准予离婚：

（1）重婚或者与他人同居。

（2）实施家庭暴力或者虐待、遗弃家庭成员。

（3）有赌博、吸毒等恶习屡教不改。

（4）因感情不和分居满二年。

（5）其他导致夫妻感情破裂的情形。

（6）一方被宣告失踪，另一方提起离婚诉讼的，应当准予离婚。"

六、老年人离婚的财产分割原则

（一）个人财产

老年人再婚的个人财产是结婚前夫或妻一方已经取得的财产，对于一方所有的财产，也可称为法定的夫妻个人财产，在原则上是不需要分割的。我国《民法典》第一千零六十三条规定："下列财产为夫妻一方的个人财产：

（1）一方的婚前财产。

（2）一方因受到人身损害获得的赔偿或者补偿。

（3）遗嘱或者赠与合同中确定只归一方的财产。

（4）一方专用的生活用品。

（5）其他应当归一方的财产。"

（二）共同财产

夫妻共同财产是指在婚姻关系存续期间所得的财产为夫妻的共同财产，归夫妻共同所有，夫妻对共同财产，有平等的处理权。《民法典》第一千零六十二条规定："夫妻在婚姻关系存续期间所得的下列财产，为夫妻的共同财产，归夫妻共同所有：

（1）工资、奖金、劳务报酬。

（2）生产、经营、投资的收益。

（3）知识产权的收益。

（4）继承或者受赠的财产，但是《民法典》第一千零六十三条第三项规定的除外。

（5）其他应当归共同所有的财产。夫妻对共同财产，有平等的处理权。"

（三）离婚的财产分割原则

1. 男女平等

夫妻双方对其共同财产有平等的处理权和平等分割的权利。

2. 保护妇女、儿童的合法权益

在分割夫妻共同财产时，不仅不能损害女方和子女的合法权益，而且还要看情况对女方和子女给予必要的照顾。

3. 照顾无过错方

《民法典》第一千零八十七条规定："离婚时，夫妻的共同财产由双方协议处理；协议不成的，由人民法院根据财产个体情况，按照照顾子女、女方和无过错方权益的原则判决。"《民法典》还对无过错方请求离婚损害赔偿的情形做出规定，其中第一千零九十一条规定："有下列情形之一，导致离婚的，无过错方有权请求损害赔偿：重婚；与他人同居；实施家庭暴力；虐待、遗弃家庭成员；有其他重大过错。"

4. 有利生产，方便生活

对于夫妻共同财产中的生产资料，分割时不应损害其效用和价值，以保证生产活动的正常进行。对于生活资料，分割时应做到方便生活，物尽其用。

【自学自测】

一、填空题

1. 《民法典》规定结婚年龄，男不得早于_____周岁，女不得早于_____周岁。

2. 婚姻自由包括_____和_____这两个方面的内容。

3. 《老年人权益保障法》规定，老年人的婚姻_____受法律保护。子女或其他亲属干涉老年人_____、_____及_____。赡养人的赡养关系不因老年人的_____变化而_____。

4. 离婚的财产分割原则有：_____、_____、_____、_____。

二、简答题

1. 我国婚姻制度的基本原则？

2. 夫妻间的权利与义务？

3. 夫妻共同财产包括哪些？

老年人服务与管理政策法规

任务三
协助老年人处理财产继承问题

情境导入

张某死后留下房屋五间和数十万元的存款。张某有三子一女，长子早已病故，留下两子一女。就在两个儿子和一个女儿办完丧事协商如何处理遗产时，小儿子因交通事故身亡，其女儿刚满周岁。

问题讨论：
1. 张某的上述亲人中哪些可以作为第一顺序继承人继承他的遗产？
2. 张某的遗产如何分配？

【知识学习】

一、继承的概念及法律特征

继承是一种法律制度，即指将死者生前的财产和其他合法权益转归有权取得该项财产的人所有的法律制度。继承是对去世的人的遗产进行继承，继承从被继承人死亡时开始。继承权具有下列法律特征：

（1）继承权是一种财产权利，通过继承实现财产的移转。

（2）继承权以人身关系为基础。以继承人和被继承人存在婚姻、血缘等关系为依据而确定的。

（3）继承权的实现要有一定的法律事实。法律规定的继承权只是继承人享有的一种期待权，只有被继承人死亡这一法律事实出现以后，继承权才成为既得权，开始遗产继承。

二、我国继承制度的基本原则

（一）保护自然人私有财产继承权原则

我国《宪法》规定，法律保护公民的私有财产继承权，这是我国继承法（2021年1

月1日废止）的立法依据，也同时决定了我国继承制度的立法宗旨和首要任务就是保护自然人的私有财产继承权。继承制度一方面规定了继承权的主体、客体、内容、变动等事项，起到确权的作用；另一方面规定了继承权受到侵害时的法律保护措施，起到护权的作用，充分体现了保护公民私有财产继承权的原则。

（二）继承权男女平等原则

自然人无论男女都是平等的民事主体，《民法典》第一千一百二十六条明确规定："继承权男女平等，这是宪法中男女平等原则在继承法中的体现。"

（三）权利与义务相一致原则

该原则是指将继承人对被继承人生前所尽义务的情况以及继承人对被继承人所遗留债务的清偿情况，与继承人是否享有继承权以及如何行使继承权相结合，使继承人的继承权与其承担的义务相一致。这一原则在我国《民法典》中主要体现在以下几个方面：

（1）《民法典》赋予了那些对公、婆、岳父母尽了主要赡养义务的丧偶儿媳或丧偶女婿第一顺序法定继承人的法律地位。

（2）《民法典》根据继父母子女间、继兄弟姐妹之间是否有共同生活的基础，相互之间是否存在抚养关系来确定彼此之间是否享有继承权。

（3）在分割遗产时，与被继承人共同生活或者尽了主要义务的继承人可以多分遗产，而那些有扶养能力和扶养条件但不尽扶养义务的继承人则应当不分或少分遗产，法定继承人以外的其他人，对死者生前扶养较多的，可适当分得遗产。

（4）接受遗产的继承人，在接受遗产的范围内负有清偿被继承人生前所负税款和其他债务的义务，放弃继承的可不负清偿责任。

（四）养老育幼原则

养老育幼是人类文明的体现，也是家庭的一项重要职能。它既是一项道德的要求，也是我国《民法典》确立的一项基本原则。继承法中的"特留份"制度、对缺乏劳动能力又没有生活来源的继承人的照顾都是这一原则的体现。

（五）互谅互让、协商处理遗产的原则

这一原则要求继承人在遗产处理的过程中能相互体谅、谦让，在平等协商的基础上公平合理地分割遗产，实现物尽其用与家庭和睦的目标。

三、遗产继承的方式

在我国,遗产继承的方式分为遗嘱继承、遗赠、遗赠扶养协议、法定继承四种,如果同时出现两种以上的继承情况,在这四种继承方式中,遗赠扶养协议的效力最高,其次是遗嘱继承和遗赠,效力最低的是法定继承。

(一)遗嘱继承

遗嘱继承又称"指定继承",是按照被继承人所立的合法有效的遗嘱而承受其遗产的继承方式。遗嘱继承是由设立遗嘱和遗嘱人死亡两个法律事实所构成,它分别具有设立效力和执行效力。

我国民法规定,公民有处分自己合法所有的个人财产的权利,被继承人在死亡之前对自己合法所有的个人财产进行处分,在其死后生效,充分体现了我国法律对公民个人财产的保护,但是,这种处分应符合法律的规定,应充分考虑老人、妇女、儿童、胎儿及残疾人和无生活来源人的利益,违反法律规定的遗嘱,是不受法律保护的。

(二)遗赠

遗赠是指被继承人通过遗嘱的方式,将其遗产的一部分或全部赠予国家、社会或法定继承人以外的人的一种民事法律行为。遗赠作为民事法律行为,不仅要符合法律行为一般要件,还要符合继承法的特别规定。有效的遗赠须具备以下条件:

(1)立遗嘱人在立遗嘱时,须有完全行为能力。

(2)遗嘱须意思表示真实、自愿、合法,遗嘱人须对财产享有处分权,遗嘱应当对缺乏劳动能力又没有生活来源的继承人保留必要的遗产份额。

(3)受遗赠人须在遗嘱生效时存在、未死亡。

(4)欲使遗赠发生预期法律效果,须由受遗赠人在知道受遗赠后两个月内做出接受的意思表示,否则视为放弃。

(三)遗赠扶养协议

遗赠扶养协议即被继承人与扶养人订立协议,由扶养人负担被继承人生养死葬的义务,被继承人的全部或部分财产在其死后转归扶养人所有。该方式主要出现在老人无人赡养的情况下。

(1)遗赠扶养协议的主体一般有限制。遗赠人只能是公民,扶养人可以是公民(必须是法定继承人以外的人),也可以是集体所有制组织,而且须具有扶养能力和扶养条件,同时扶养人没有法定的扶养义务。

（2）遗赠扶养协议是一种协议行为。

（3）遗赠扶养协议双方，互相权利，互负义务。扶养人负有对遗赠人生养死葬的义务，享有接受遗赠人遗赠财产的权利；遗赠人享有接受扶养的权利，负有将其遗产遗赠给扶养人的义务。

（4）遗赠扶养协议必须是书面形式，不能为口头形式，以便明确双方的权利与义务，有利于协议的履行。

（四）法定继承

法定继承是指在被继承人没有对其遗产的处理立有遗嘱的情况下，由法律直接规定继承人的范围、继承顺序、遗产分配的原则的一种继承形式。因而法定继承并不直接体现被继承人的意志，仅是法律依推定的被继承人的意思将其遗产由其亲近亲属继承。

1. 法定继承顺序

法定继承的顺序是指法律直接规定的法定继承人参加继承的先后次序。《民法典》第一千一百二十七条规定："遗产按照下列顺序继承：第一顺序为配偶、子女、父母；第二顺序为兄弟姐妹、祖父母、外祖父母。继承开始后，由第一顺序继承人继承，第二顺序继承人不继承。没有第一顺序继承人继承的，由第二顺序继承人继承。"第一千一百二十九条规定："丧偶儿媳对公、婆，丧偶女婿对岳父、岳母，尽了主要赡养义务的，作为第一顺序的法定继承人。"

第二顺序的继承人只能在三种情形下才产生补位效果，有权参加继承：①第一顺序中无继承人；②第一顺序中有继承人，但全部放弃继承；③第一顺序中有继承人，但全部丧失了继承权。同一顺序的继承人之间，并无先后次序之分。

2. 代位继承

代位继承指的是继承人先于被继承人死亡，在继承开始时，由继承人的直系晚辈血亲代继承人继承被继承人的遗产的继承制度。根据继承法规定被继承人的子女先于被继承人死亡的，由被继承人的子女的晚辈直系血亲代位继承。代位继承人一般只能继承他的父亲或者母亲有权继承的遗产份额。

四、继承权丧失

继承权是指继承人依法取得被继承人遗产的权利，但若满足一定条件是会丧失继承权的，继承权的丧失可分为绝对丧失与相对丧失。绝对丧失是指因发生某种法定事由，继承人的继承权终局的丧失，该继承人绝对不得也不能享有继承权；相对丧失是指因发生某种法定事由继承人的继承权丧失，但在具备一定条件时继承人的继承权最终也可不丧失。继承权丧失不仅适用于法定继承也适用于遗嘱继承。

继承权丧失的法定条件如下：

（1）故意杀害被继承人。

（2）为争夺遗产而杀害其他继承人。

（3）遗弃被继承人或者虐待被继承人情节严重的。

（4）伪造、篡改或者销毁遗嘱，情节严重的。

五、协助老年人订立合法遗嘱

（一）遗嘱人必须要有完全民事行为能力

《民法典》第一千一百四十三条规定："无行为能力人或者限制行为能力人所立的遗嘱无效"。无民事行为能力的人所立的遗嘱，即使其本人后来有了行为能力，仍属无效遗嘱。遗嘱人立遗嘱时有行为能力，后来丧失了行为能力，不影响遗嘱的效力。患有聋、哑、盲等生理缺陷而无精神病的成年人，他们是有完全行为能力的，因此他们也可以立遗嘱。

（二）遗嘱人所立的遗嘱必须是其真实意思表示

《民法典》第一千一百四十三条规定："遗嘱必须表示遗嘱人的真实意思，受胁迫、欺骗所立的遗嘱无效。"

（三）遗嘱的内容必须合法

内容不合法的遗嘱主要有三个情况：遗嘱取消了缺乏劳动能力又没有生活来源的继承人的继承权；遗嘱没有为胎儿保留必要的继承份额；遗嘱内容违反其他法律。

（四）遗嘱的形式必须合法

遗嘱的形式可采用公证、自书、代书、录音、口头等形式。

（1）公证遗嘱：即经过公证机关证明过的遗嘱。此遗嘱效力强，有备案，是立遗嘱人首选的遗嘱形式之一。

（2）自书遗嘱：即遗嘱人自己书写的遗嘱。自书遗嘱，要求遗嘱人亲自书写，签字确认，注明年、月、日。自书遗嘱在生活中最为常见。

（3）代书遗嘱：即遗嘱人口述内容，由他人代为书写的遗嘱。代书遗嘱应当有两名见证人在场见证,由其中一人作为代书人,并由遗嘱人代书人、见证人签名,注明年、月、日。

(4)录音遗嘱:即遗嘱人用录音的形式制作的自己口述的遗嘱。以录音形式设立的遗嘱,应当有两个以上的见证人在场见证。见证的方法可以采取书面或录音的形式。录音遗嘱制作完毕后,应当场将录音遗嘱封存,并由见证人签名,注明年、月、日。

(5)口头遗嘱:即遗嘱人在危急情况下,可以立口头遗嘱。口头遗嘱应当有两个以上见证人在场见证。危急情况消除后,遗嘱人能够用书面或者录音形式立遗嘱的,所立的口头遗嘱无效。

六、遗产分割的原则

1. 遗产分割自由原则

在法律没有明文限制分割的前提下,合法继承人可随时行使遗产分割请求权,任何人不得非法干预。

2. 保留胎儿继承份额的原则

在分割遗产时,如死者遗有未出生的胎儿,应给胎儿保留应当继承的遗产份额,其应继承的数额一般以共同参加继承的各法定继承人的平均数额为参考数额。如果胎儿生下是活体,这份遗产由胎儿这一继承人继承;如果胎儿出生是死胎,这份遗产由被继承人的继承人继承。

3. 互谅互让、协商分割原则

该原则是指在相互体谅、谦让,在协商一致的基础上妥善解决遗产分割问题。

4. 物尽其用的原则

遗产分割应当有利于生产和生活需要,不损害遗产的效用。对于不宜分割的遗产,可以采取折价、适当补偿或者共有等办法处理。继承人在分割遗产时,要注意贯彻这一精神。如:对房屋要照顾缺房的继承人;对生产工具要照顾生产需要的继承人;对图书资料要照顾从事有关业务的继承人等。这样才能有利于生产和生活的需要。

【自学自测】

一、填空题

1. 遗产继承的方式分为_____、_____、_____、_____四种。如果同时出现两种以上的继承情况,在这四种继承方式中,_____的效力最高,其次是_____和_____,效力最低的是_____。

2. 遗嘱继承又称"_____",是按照被继承人所立的_____遗嘱而承受其遗产的继承方式。遗嘱继承是由_____和_____两个法律事实所构成，它分别具有_____效力和_____效力。

3. 遗嘱的形式可采用_____、_____、_____、_____、_____等形式。

二、简答题

1. 我国继承制度的基本原则？
2. 法定继承人及继承顺序？
3. 遗产分割的原则？

【实训演练】

一、实训步骤

（1）完成实训资料及案例的学习，整合教材、网络、调研等相关知识。

（2）本项目包含6个实训任务，请依次完成。

（3）实训过程中可采用线上线下混合学习的方式，学生以小组为单位合作完成。

（4）请将每项实训任务的成果整理到相关表格。

（5）本项目最终成果完成拓展任务，以小组为单位，自选老年人家庭问题案例，通过情境模拟和角色扮演还原案例情节，解决实际问题。并通过小组讨论，对我国老年人赡养、婚姻、继承的制度提出改进和完善的建议。

二、实训资料

老年人赡养问题律师解答

1. **父母无力抚养幼年时的子女，子女长大后有赡养父母的义务吗？**

答：《民法典》为父母子女间规定了互相扶养的对等的权利与义务，但这并不是说这两个权利是必须"等价交换"的，子女不能将父母是否对其履行了抚养教育义务作为自己履行赡养父母义务的前提。因此，子女对老年父母的赡养义务不得以此为由而解除。

2. **父母虐待伤害的子女，子女长大后有赡养义务吗？**

答：父母在抚养子女过程中，他们的一些一般性错误行为曾给子女造成心灵伤害的，子女成年之后，应当自觉履行赡养老年父母的义务。但是，父母犯有严重伤害子女感情和身心健康的罪行的，原则上丧失了要求被害子女赡养的权利。这些情形包括：父母犯有杀害子女的罪行的，父亲奸污女儿的，父母犯有虐待、遗弃子女罪行等。

3. **没有经济收入的已嫁女儿有无赡养义务？**

答：出嫁女儿本人没有收入的，不能作为拒绝履行赡养老年父母义务的理由。因为她们从事的家务劳动与丈夫谋取生活资料的劳动具有同等价值，其丈夫劳动所得的收入属于夫妻共同财产，夫妻双方对夫妻共同财产有平等的处分权，可从夫妻共同财产中支付赡养费。

4. 没有继承父母财产的子女,是否具有赡养义务?

答:子女赡养父母是法定义务,不受父母有无财产、是否分过家以及分家是否公平的影响。

5. 多子女家庭子女怎样分担赡养扶助义务?

答:父母有多个子女的,应当共同承担赡养扶助父母的义务,每位子女承担义务的多少,应当根据各个子女的生活、经济条件进行协商。子女不能以父母对其年幼时的关心、疼爱程度或者结婚时资助的多少作为砝码来衡量赡养扶助义务的多少。至于赡养扶助父母的方式,可视具体情况而定,对于不在父母身边的子女,可定期支付一定数额的赡养费;与父母共同生活的子女还应当经常关心、照料父母的生活;当父母由于生病,生活不能自理时,子女除应分担为其治病所需的医药费、手术费、住院费等外,还应承担照顾、护理父母的义务。

6. 儿子(女儿)去世后儿媳(女婿)是否有赡养公婆(岳父母)的义务?

答:儿媳(女婿)与公婆(岳父母)的关系是因婚姻而成立的姻亲关系。儿子(女儿)去世后,因儿子(女儿)与媳妇(女婿)的婚姻关系消灭而使得儿媳(女婿)与公婆(岳父母)的姻亲关系亦不复存在。儿媳(女婿)是否承担赡养公婆(岳父母)的义务,我国法律未作明确规定。因此,不能强令儿媳(女婿)承担此项义务。

7. 继子女对未尽抚养义务的继父母是否有赡养义务?

答:继父母子女关系是由于生父或生母再行结婚,子女与继母或继父之间形成的关系。根据法律规定,继父母和未受其抚养教育的继子女之间,形成的是姻亲关系,相互间并无权利与义务关系。因此,未受继父母抚养教育的继子女,没有赡养继父母的法定义务。但是,对于继子女主动承担赡养扶助义务的行为应当予以鼓励和支持。

8. 老人有退休金,子女还要给赡养费吗?

答:法律并未规定父母有退休金,子女就不需要赡养老人了。赡养老人是中华民族文化传统,是每个子女应尽的责任与义务。老人的退休金是老人的合法收入,不能替代子女的赡养费。我国《民法典》明确规定,子女对父母有赡养扶助的义务。子女不履行赡养义务时,无劳动能力的或生活困难的父母,有要求子女付给赡养费的权利。以父母有生活来源为由拒绝给付赡养费是违反法律规定的。老人有退休金子女也应给赡养费,只是赡养费给付标准与没有退休金及生活困难的父母不同而已。

9. 我国对赡养费是如何规定的?

答:根据《老年人权益保障法》规定,子女对父母有赡养扶助的义务,该义务为法定义务,是不能免除的,且每个人的义务内容同等,但是在履行上要以赡养人的实际能力为限,由赡养人与被赡养人协商解决,如果不能协商解决的,则由人民法院根据当地的经济水平,被赡养人的实际需求,赡养人的经济能力综合认定。对于城市户口的老年人的赡养费给付标准,各省市出台的关于城镇居民最低生活保障的法律、法规或规范性文件中,都有关于赡养费和扶养费的计算方法的规定。赡养费一般按家庭总收入减去家庭成员城市居民平均生活标准,剩余部分按其赡养人数的平均数额计算。对于农村户口的老年人,一般按照当地统计部门发布的上年度当地农民年人均生活费数据为基准。需要指出的是,给付赡养费的数额,是根据赡养人的经济状况、当地的实际生活水平和被赡养人的实际情况来确定的。

老年人婚姻问题律师解答

1. 什么是事实婚姻?

答:事实婚姻作为婚姻关系存在的一种方式,是指男女双方未按法律规定进行结婚登记,即以夫妻关系同居生活所形成婚姻。事实婚姻是相对于合法登记的婚姻而言的,事实婚姻未经依法登记,本质上属于违法婚姻,但考虑到我国的现实国情,为了维持一定范围内的,特别是广大农村人口婚姻关系的稳定,国家对未办理结婚登记而以夫妻名义同居生活的男女双方之间的关系有条件地予以认可,这就产生了"事实婚姻"这一概念。

1986年3月15日《婚姻登记办法》施行之后,没有配偶的男女,未办结婚登记手续即以夫妻名义同居生活,群众也认为是夫妻关系的,一方向人民法院起诉"离婚",如同居时双方均符合结婚的法定条件,可认定为事实婚姻关系;如同居时一方或双方不符合结婚的法定条件,应认定为非法同居关系。

在1994年2月1日民政部《婚姻登记管理条例》公布实施以后,男女双方同居的,如果不符合结婚的实质要件,属于同居关系;如果符合结婚的实质要件,应当补办婚姻登记,不予补办的,属于同居关系。

2. 找老伴是否应该办结婚登记,领取结婚证?

答:现实中很多老年人朋友找老伴不太计较办理结婚登记,领取结婚证,认为在一起生活就行了。这种想法往往是不可取的,在我国不办理结婚登记而生活在一起属于同居关系,这种同居关系并不得到法律的认可。我国《民法典》规定,夫妻之间有相互扶养的义务。如果老年人找老伴,而没有办理结婚登记,老伴之间也就没有相互扶养的义务。也就是说,不管发生什么情况,您的老伴都有权利随时离开您并且不承担任何责任。因此,建议老年人找到老伴后最好办理结婚登记领取结婚证,正其名才能受到法律的保护,这对于自己以及对方都是保障。

3. 结婚后,老伴是否对自己有继承权?

答:凡是结婚也就意味着接纳对方为自己的人生伴侣,老年人的婚姻也不例外。《民法典》规定,配偶、子女、父母均为第一顺序法定继承人,因此只要办理了结婚证也就意味着对方是自己的配偶是自己的合法法定继承人。老年人结婚时应当认识到这一点,对自己的婚姻做到充分的心理准备。凡是权利必有义务，老年人再婚应该按照法律规定办理结婚登记领取结婚证，在获得法律对婚姻的各种保护的同时也要承担婚姻的各种义务。

4. 老年人再婚后配偶子女是否有权继承自己的财产？

答：很多老年人不愿意办理结婚证是顾忌自己的财产被老伴的子女继承，为父母者谁都希望把自己毕生的心血留给自己的骨肉。其实这样的顾虑是多余的，我国《民法典》规定，有继承权的继子女是指有抚养关系的继子女。不论新老伴的子女是否成年，其关系都是继子女与继父母的关系。新老伴的子女要获得继承权，必须曾经与自己建立过抚养关系，也就是新老伴的子女未成年前被自己抚养教育过，该子女才有继承权。老年人朋友们通常都已是爷爷外婆，因此办理结婚证并不会使自己的财产被新老伴的子女继承。

5. 如何防范老年人再婚带来的法律风险？

答：如何防范老年人再婚带来的法律风险，主要有以下三点不变。

第一个不变是"双方婚前财产所有权不变"。再婚老年人双方应当签订一份婚前协议，对包括双方婚前财产的归属及双方婚后生活的一些问题进行详细的约定，即可以明确约定双方婚前各自财产的归属问题及婚后的生活费、医疗费、子女关系、其他婚后财产归属等问题，必要时可以对婚前协议进行公证。

第二个不变是"双方婚前财产继承权不变"。谁的婚前财产由谁的子女继承，这是第二个不变的核心内容。

第三个不变是"双方亲子关系不变"。这一条包括五点内容：

（1）称呼不变。中老年人再婚之后，子女称呼自己的老人仍是爸妈，而对父母再婚的老伴，可称爸妈也可称叔叫姨。

（2）赡养关系不变。老人再婚后，子女仍要赡养自己的老人，如再婚时，子女已经成年可以不赡养父母再婚的老伴。针对以上这些问题，双方形成书面的约定对于老人再婚生活幸福可以有些保障。

（3）护理关系不变。再婚的老年人患病需要护理时，第一护理人是老伴，第二护理人则是老人自己的子女，对方子女没有护理义务。相应地，在一方大病需要经济支持时，第一出资方应是得病者本人，第二出资方是病人的子女，第三才是再婚的老伴根据实际能力提供支持。

（4）养老送终的关系不变。老年人再婚后，子女只为自己的父母养老送终，妥善处理后事。

（5）继承关系不变。根据《民法典》的规定，基于双方婚前财产继承权是不变的，双方中任何一方的婚前财产由自己的子女继承，与对方子女无关。

老年人服务与管理政策法规

老年人继承问题的律师解答

1. 多份遗嘱哪份遗嘱有效？

答：有多份有效遗嘱存在的情况下，若有公证遗嘱，则以公证遗嘱为准，公证遗嘱的效力高于其他四种形式的遗嘱；但若有多份公证遗嘱存在时，则以最后一份公证遗嘱为准；若无公证遗嘱，则以最后所立的一份遗嘱为准确，也就是说自书、代书、录音、口头四种遗嘱的效力等同。

2. 同一顺位的继承人是否必须均等分配遗产？

答：我国《民法典》第一千一百三十条规定："同一顺序继承人继承遗产的份额，一般应当均等。""对生活有特殊困难的缺乏劳动能力的继承人，分配遗产时，应当予以照顾。""对被继承人尽了主要扶养义务或者与被继承人共同生活的继承人，分配遗产时，可以多分。""有扶养能力和有扶养条件的继承人，不尽扶养义务的，分配遗产时，应当不分或者少分。""继承人协商同意的，也可以不均等。"

3. 公房是否能作为原承租人的遗产？

答：公房所有权人为国家，因此公房不应作为原承租人死亡后遗留的个人财产。但是公房的动迁补偿款可以继承，比如：在只有承租人的公房动迁时，原承租人已死亡，若已依法确定了承租人的，动迁补偿款归新的承租人；若尚未确定承租人的，动迁补偿款归原承租人的继承人。

4. 只要有老人的血脉就能得到一份遗产？

答：我国《民法典》的规定，遗产按照下列顺序继承：第一顺序为配偶、子女、父母；第二顺序为兄弟姐妹、祖父母、外祖父母。从法条中可以看出，两个顺序中均没有孙子、孙女或外孙子和外孙女出现，也就是说，第三代人并不在法定继承人之列。因此，在孩子父亲在世的情况下，孙子是不能直接分得爷爷留下的遗产的。

5. 不赡养老人就不能分遗产？

答：我国法律中，并没有将不赡养老人规定为丧失继承权的情况。因此不赡养老人或者说对老人所尽赡养义务比较少的，从道德上应加以谴责，但从法律上来讲，这样的人不一定就不具有继承权。一般在不赡养老人但又没有证据证明其曾伤害过老人的情况下，这样的"不孝"子女还是具有继承权的。

6. 只要立了遗嘱就一切OK？

答：有了遗嘱，并不意味着立遗嘱人的意愿就能全部实现。比如出现以下情况时，继承遗产就会出现麻烦。首先，遗嘱继承能够顺利进行，前提条件是所立遗嘱必须合法有效。如果遗嘱最终被认定为无效，遗嘱继承显然无法实现。其次，遗嘱对财产及财产线索写得不明晰。比如，立遗嘱人在遗嘱中只说明了自己有多少财产，但这些都以何种形式存在、财产在何处都未说明,这样的遗嘱很难得以实现。比如,只在遗嘱中说自己有多少存款,但不知钱存在哪个银行,存单放于何处,可以想象,后人的"寻宝"之路该是何等艰辛。如若找不到相应的凭证,这些财产无异于"流失"。再次,遗嘱未妥善保存,立了等于没立。实践中,有些人立了遗嘱就自己收了起来,他人对此并不知晓。试想,若立遗嘱人突然离世,那么没有人知道其曾立有遗嘱,若遗嘱又没被发现,这样的遗嘱立了等于白立。最后,成为遗嘱中指定的继承人,并不意味着一定就能得到遗产。根据《民法典》规定,继承人丧失继承权的,继承人也不能继承遗产。

7. 遗嘱需要被儿女们接受吗,儿女不到场立遗嘱有效吗?

答: 立遗嘱是立遗嘱人处分其个人财产的行为,只要所立遗嘱是符合法律规定的条件的,遗嘱就是有效的,与继承人是否接受遗嘱内容无关。立遗嘱本质上是立遗嘱人处分个人财产的行为,立遗嘱不需要儿女们到场。但继承时,应当让所有继承人到场。若有继承人因各种因素限制不能亲自到场,可以委托他人。比如,出具委托书,委托他人代理自己办理继承事宜。

三、实训案例

案例1: 辛某(男)与何某(女)1982年结婚,双方均系再婚,再婚时辛某有一女儿(现已死亡),何某有一儿子辛某甲当时8岁,婚后何某与辛某又生一女儿辛某乙。1996年辛某与何某离婚,离婚时辛某甲已成年,辛某乙已8岁,二人均跟随母亲何某生活。后辛某又结婚、离婚,但未再有子女,何某也已再婚生活至今。2014年年初,原告辛某生病住院,其间辛某甲到医院看望,并送去现金2 000元。辛某出院后,将辛某甲和辛某乙告上法庭,要求子女二人履行赡养义务。被告辛某甲和辛某乙收到法院诉状后极为不理解,辛某甲称自己又不是辛某亲生的,况且辛某已与母亲离婚多年,凭什么要求自己履行赡养义务。辛某乙也称辛某与自己母亲离婚时自己才8岁,18年间是母亲含辛茹苦把自己带大,现在自己又有了继父,与辛某已没有任何关系。在庭审中双方各执一词,矛盾非常尖锐,互不相让。

案例解析:

经调查原告辛某现在确无亲人在身边,辛某甲虽不是辛某亲生但其跟随母亲到辛家时才9岁,在辛家生活了十几年,已形成了继父子关系,其继父辛某也尽了抚养义务。根据相关法律规定,在继父年迈时,作为继子女的应该尽赡养义务;作为辛某乙,母亲何某虽与其父辛某离婚但自己终究是辛某和何某的亲生女儿,存在血缘关系,也应履行赡养老人的义务。鉴于两被告针对赡养义务已认可,为使原告辛某能较好地安度晚年生活,承办法官积极与当地敬老院沟通协调,将辛某安排在了一家敬老院,经调解两被告也同意支付原告辛某的生活费并留给其一部分零花钱和医疗等费用,该案顺利结案。

案例2： 赵某（男）和张某（女）年轻时在一个单位上班，退休后两人都经历了丧偶之痛。基于相似的生活经历以及在单位共事多年的了解，两人很谈得来，经人撮合，两人很快便确定了恋爱关系。正当两人想登记结婚共同生活时，双方的子女却极力阻挠。后经赵某的亲戚多次做思想工作后，赵某的两个子女勉强同意两老人的婚事。婚后，赵某的两个子女对他是不管不问，不仅不尽赡养义务，甚至还在不断劝说赵某将仅有的一套住房过户到自己的名下。如今赵某年老多病，经常生病住院，仅凭微薄的退休金根本维持不了日常的经济开支，生活十分困窘。在多次向子女索要生活费均未果后，赵某遂想通过起诉解决。

案例解析：

根据《老年人权益保障法》第二十一条规定："老年人的婚姻自由受法律保护。子女或者其他亲属不得干涉老年人离婚、再婚及婚后的生活。"同时，我国《民法典》第一千零六十七条规定："子女对父母有赡养扶助的义务。子女不履行赡养义务时，无劳动能力的或生活困难的父母有要求子女付给赡养费的权利。"《老年人权益保障法》第十三条规定："老年人养老主要依靠家庭，家庭成员应当关心和照料老年人。"第十九条规定："赡养人不得以放弃继承权或者其他理由，拒绝履行赡养义务。赡养人不履行赡养义务，老年人有要求赡养人付给赡养费的权利。"

本案中，赵某的再婚权利受法律保护，其子女干涉老人的婚姻自由，在法律上是站不住脚的，在伦理上其实是不孝顺。面对再婚老人，子女应该给他们祝福，而不是阻拦。在赡养问题上，赵某年事已高，行动不便，生活困难，从法律上讲要求子女履行法定的赡养义务，从道德情理方面讲年老体弱的赵某需要精神上的慰藉和生活上的关心与帮助也属情理之中，作为子女，应对赵某予以经济上的扶持，生活上的照料和精神上的关心。赵某的两个子女以赵某再婚为由拒绝承担赡养义务显然是违法行为。

案例3： 李大爷与张老太也是一对早年丧偶、晚年再婚的夫妻。李大爷婚前有一个儿子，李大爷死前留有遗嘱，该遗嘱主要内容是将其婚前个人财产和婚后共同财产均交由其儿子继承。张老太认为，李大爷的遗嘱中处分了双方的夫妻共同财产，故应全部无效，并要求一并继承李大爷婚前、婚后财产。

案例解析：

此案中张老太的观点是错误的。我国法律肯定了遗嘱存在部分无效的情形。本案中，李大爷遗嘱中处分了与张老太夫妻关系存续期间的共同财产属于无权处分行为，但并不影响其遗嘱中其他内容的效力。也就是说，李大爷在本案中遗嘱处分的法律后果是：其对个人婚前财产及个人婚后共同财产中其本人部分的处分有效，上述部分的遗产应由其儿子继承。遗嘱若处分了立遗嘱人无权处分的财产，该遗嘱仅有无权处分的部分无效，其他部分仍然有效，适用遗嘱继承的相关规定。

案例4：刘大爷中年丧偶，晚年和孙老太结婚，双方结婚时并未进行财产约定。刘大爷婚前有一个女儿。刘大爷后患重病住院时，将自己的身份证、银行卡、有价证券账户及房产证等凭证均交给了自己的女儿。不久刘大爷去世，刘大爷的女儿偷偷将上述财产通过挂失等各种方式取出并进行了消费、隐匿。后孙老太将刘大爷的女儿诉至法院，要求依法分割刘大爷的上述遗产。

案例解析：

本案中，刘大爷和她女儿做出的这种防止孙老太分遗产的行为是否有效呢？判断这种行为是否合法，应首先明确一个问题，即继承开始的时间。《民法典》第一千一百二十一条规定："继承从被继承人死亡时开始。"也就是说，被继承人死亡时，其个人财产已经转化为遗产了。本案中，刘大爷女儿擅自处分刘大爷遗产的份额，在案件审理中被法院查明后仍将列为遗产分割的范围，这种做法是不可取的，孙老太有权分割遗产。

四、实训任务

实训1：小组合作完成任务—情境导入案例任务。

情境导入案例任务	
问题	内容
周老太两个儿子有赡养义务吗？	
周老太两个女儿有赡养义务吗？	
作为养老服务人员你觉得如何处理此赡养案例？	

实训 2：小组合作完成任务二情境导入案例任务。

情境导入案例任务	
问题	内容
夫妻二人的婚姻存在什么问题？	
案例中三个子女存在什么问题？	
作为养老服务人员，如何帮助他们解决婚姻问题？	

实训 3：小组合作完成任务三情境导入案例任务。

情境导入案例任务	
问题	内容
张某的上述亲人中哪些可以作为第一顺序继承人继承他的遗产？	
张某的遗产如何分配？	

实训 4：小组合作搜集世界各国保障老年人赡养的制度

世界各国保障老年人赡养的制度	
问题	内容

实训 5：小组合作搜集世界各国保障老年人婚姻的制度

世界各国保障老年人婚姻的制度	
问题	内容

实训6：小组合作搜集世界各国保障老年人继承的制度

世界各国保障老年人继承的制度	
问题	内容

【拓展延伸】

任务1：以小组为单位，自选老年人家庭问题的案例，通过情境模拟和角色扮演还原案例情节找到解决问题的办法。考察学生合作能力、沟通能力、解决问题能力。

任务2：小组讨论，我国老年人赡养、婚姻、继承的制度在哪些方面还需要改进和完善。

项目三　老年人社会保障法规

【学习导语】

老年人的社会保障问题是国家依法保护老年人合法权益的一个重要部分，随着社会的高速发展和人民生活水平的不断提高，老年人的社会保障问题显得越来越重要。为此，《老年人权益保障法》对老年人的社会保障做了具体规定，主要包括：国家通过养老保险制度，保障老年人的基本生活；国家通过基本医疗保险制度，满足老年人的基本医疗需要；对经济困难的老年人给予基本生活、医疗、居住或者其他救助等。

通过本项目的学习，使学生熟悉老年人社会保障的相关政策规定，在工作和生活中能协助老年人参与并享受相关社会保障政策，切实保护老年人的合法权益。

【学习目标】

知识目标：
1. 掌握老年人应该享有的基本养老保险的法律规定。
2. 了解我国医疗保险的相关规定，掌握医疗保险工作机制。
3. 了解我国基本的社会救助、医疗救助制度。

能力目标：
1. 能够协助老年人参与并享受养老保险。
2. 能够协助老年人参与并享受医疗保险。
3. 能够协助老年人享受社会救助、医疗救助。

素质目标：
1. 熟悉相关法规，给老年人传递社会保障的新政策、新形势。
2. 树立为老年人维权的意识。

老年人服务与管理政策法规

【思维导图】

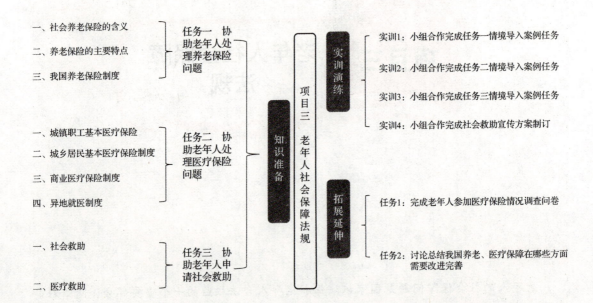

任务一
协助老年人处理养老保险问题

情境导入

某养老机构中住有李大妈、王大妈和张大爷。其中，李大妈，60岁，退休前是某国有企业员工，由单位为其缴纳养老保险；王大妈，65岁，城镇户籍，年轻时没有工作，专心在家带孩子，目前没有生活来源，依靠子女的赡养费维持生活；张大爷，68岁，农村户籍，年轻时务农，没有工作单位，现在没有生活来源。

问题讨论：

如果你是三位老人的护理员，对于三位老人的养老金问题有怎样的建议？

【知识学习】

一、社会养老保险的含义

社会养老保险，即由社会统筹基金支付的基础养老金和个人账户养老金组成，是社会保障制度的重要组成部分，是社会保险五大险种中重要的险种之一，是国家和社会根据一定的法律和法规，为解决劳动者在达到国家规定的解除劳动义务的劳动年龄界限，或者因年老丧失劳动能力退出劳动岗位后的基本生活而建立的一种社会保险制度。

根据人力资源和社会保障部养老保险司的界定，我国养老保险由以下三个部分组成：第一部分是基本养老保险，第二部分是企业补充养老保险，第三部分是个人储蓄性养老保险。其中，基本养老保险又包括城镇职工基本养老保险和城乡居民基本养老保险制度。

二、养老保险的主要特点

养老保险的主要特点如下：

（1）养老保险是在法定范围内的老年人完全或基本退出社会劳动生活后才自动发生作用的。

（2）养老保险的目的是保障老年人的基本生活需求，为其提供稳定可靠的生活来源。

（3）养老保险是以社会保险为手段来达到保障的目的。养老保险是世界各国较普遍实行的一种社会保障制度。

（4）养老保险费用一般由国家、企业或单位、个人三方共同负担，并在较高的层次上和较大的范围内实现养老保险费用的社会统筹和互济。

三、我国养老保险制度

（一）城镇职工基本养老保险制度

1. 参保范围

《中华人民共和国社会保险法》（以下简称《社会保险法》）第十条规定："职工应当参加基本养老保险，由用人单位和职工共同缴纳基本养老保险费。"由此可见，我国城镇职工养老保险对用人单位和职工的参保要求是强制性的。

无雇工的个体工商户、未在用人单位参加基本养老保险的非全日制从业人员以及其他灵活就业人员可以参加基本养老保险，由个人缴纳基本养老保险费。

2. 基金来源

基本养老保险实行社会统筹与个人账户相结合的办法。我国基本养老保险基金由用人单位、个人缴费和政府补贴等组成。

《社会保险法》第十二条规定："用人单位应当按照国家规定的本单位职工工资总额的比例缴纳基本养老保险费，记入基本养老保险统筹基金。职工应当按照国家规定的本人工资的比例缴纳基本养老保险费,记入个人账户。无雇工的个体工商户、未在用人单位参加基本养老保险的非全日制从业人员以及其他灵活就业人员参加基本养老保险的,应当按照国家规定缴纳基本养老保险费,分别记入基本养老保险统筹基金和个人账户。"

《社会保险法》第十三条规定:"国有企业、事业单位职工参加基本养老保险前,视同缴费年限期间应当缴纳的基本养老保险费由政府承担。基本养老保险基金出现支付不足时,政府给予补贴。"

3. 缴费方法

(1) 用人单位的缴费基数和比例。

用人单位应按照国家规定的本单位职工工资总额的比例缴纳基本养老保险费,记入基本养老保险统筹基金。企业缴费的比例一般不得超过企业工资总额的20%,具体比例由省、自治区、直辖市政府确定,少数省、自治区、直辖市离退休人数较多,养老保险负担较重,确实需要超过企业工资总额的20%的,需要报人力资源和社会保障部、财政部批准。

$$企业缴费额 = 核定的企业职工工资总额 \times 20\%$$

从2006年1月1日起,个人账户的规模调整为8%,全部由个人缴费形成,单位缴费不再划入个人账户。其中,缴费工资,也称缴费工资基数,一般为职工本人上一年度月平均工资(有条件的地区也可以本人上月工资收入为个人缴费工资基数)。月平均工资按照国家统计局规定列入工资总额统计的项目计算,包括工资、奖金、津贴、补贴等收入,不包括用人单位承担或者支付给员工的社会保险费、劳动保护费、福利费、用人单位与员工解除劳动关系时支付的一次性补偿以及计划生育费用等其他不属于工资的费用。

$$月储存额 = 本人月缴费工资 \times 8\%$$

本人月平均工资低于当地职工月平均工资的60%的,以当地职工月平均工资的60%作为缴费基数;本人月平均工资高于当地职工平均工资的300%的,以当地职工的月平均工资的300%作为缴费基数。

(2) 灵活就业人员的缴费。

城镇个体工商户和灵活就业人员参加基本养老保险的,缴费基数为当地上年度在岗职工平均工资,缴费比例为20%,其中8%计入个人账户。

4. 领取条件

(1) 本人达到法定退休年龄并办理了退休手续。
(2) 所在单位和个人依法参加基本养老保险并履行缴费义务。
(3) 个人累计缴费时间满15年。
(注:养老保险若出现缴费中断现象,可延续缴费或者一次性缴费至15年,均可享受养老保险的相关待遇。)

5. 享受的待遇

基本养老金待遇由社会统筹养老金(也称基础养老金)和个人账户养老金共同构成。其中,个人账户养老金标准为职工退休时本人账户累计存储额除以发放月数。计发月数按照退休年龄到平均死亡年龄，目前女员工50岁退休计发195个月，男员工60岁退休计发139个月。个人账户养老金不得提前支取，个人死亡时，个人账户养老金余额可以继承。

$$个人账户养老金 = \frac{个人账户全部储存额}{计发月数}$$

基础养老金以职工退休时当地上一年度在岗职工月平均工资与本人指数化月平均缴费工资的算数平均数为基数，缴费每满一年发给1%。

$$基础养老金 = \frac{参保人退休时当地上一年度在岗职工月平均工资 + 本人指数化月平均缴费工资}{2} \times 缴费年限 \times 1\%$$

（1）按月领取按规定计发的基本养老金，直至死亡。

（2）享受基本养老金的正常调整待遇。

（3）对企业退休人员实行社会化管理服务。

（4）死亡待遇：

①丧葬费：按上一年度全省社平工资的3个月计发（此为退休人员，离休人员为5 000元）；

②一次性抚恤费：按上一年度全省社平工资的10个月计发（此为退休人员，离休人员为本人工资的20个月）；

③符合供养条件的直系亲属生活困难补助费，按月发放，直至供养直系亲属死亡。

（二）城乡居民基本养老保险制度

1. 参保范围

年满16周岁（不含在校学生），非国家机关和事业单位工作人员及不属于职工基本养老保险制度覆盖范围的城乡居民，均可以在户籍地参保。

2. 基金筹集

基金筹集由个人缴费、集体补助、政府补贴三部分构成。

（1）个人缴费。缴费标准目前共有每年100元、200元、300元、400元、500元、600元、700元、800元、900元、1 000元、1 500元、2 000元12个档次，最高缴费标准原则上不超过当地灵活就业人员参加职工基本养老保险的年缴费额，参保人自主选择档次缴费，多缴多得。

（2）集体补助。有条件的村集体经济组织应当对参保人缴费给予补助，鼓励有条件的社区将集体补助纳入社区公益事业资金筹集范围，鼓励其他社会经济组织、公益慈善组织、个人为参保人缴费提供资助。补助、资助金额不超过当地设定的最高缴费档次标准。

（3）政府补贴。政府对符合领取城乡居民养老保险待遇条件的参保人全额支付基础养老金。其中，中央财政对中西部地区按中央确定的基础养老金标准给予全额补助，对东部地区给予50%的补助。地方人民政府应当对参保人缴费给予补贴，对选择最低档次标准缴费的，补贴标准不低于每人每年30元；对选择较高档次标准缴费的，适当增加金额；对选择500元及以上档次标准缴费的，补贴标准不低于每人每年60元。

3. 建立个人账户

国家为每个参保人员建立终身记录的养老保险个人账户，个人缴费、地方人民政府对参保人的缴费补贴、集体补助及其他社会经济组织、公益慈善组织、个人对参保缴费提供资助，全部记入个人账户。

4. 养老保险待遇

城乡居民养老保险待遇由基础养老金和个人账户养老金构成，支付终身。

（1）基础养老金。中央确定基础养老金最低标准，建立基础养老金最低标准正常调整机制，根据经济发展和物价变动等情况，适时调整全国基础养老金最低标准。地方人民政府可以根据实际情况适当提高基础养老金标准；对长期缴费的，可适当加发基础养老金。

（2）个人账户养老金。个人账户养老金的月计发标准为个人账户储存额除以139。参保人员死亡，个人账户中的资金余额除政府补贴外，可依法继承。

5. 养老保险待遇领取

（1）参加城乡居民养老保险的个人，年满60周岁、累计缴费满15年，且未领取国家规定的基本养老保障待遇的，可以按月领取城乡居民养老保险待遇。

（2）新型农村社会养老保险和城镇居民社会养老保险制度实施时已年满60周岁，在《国务院关于建立统一的城乡居民基本养老保险制度的意见》（国发〔2014〕8号）印发之日前未领取国家规定的基本养老保险待遇的，不用缴费，自《国务院关于建立统一的城乡居民基本养老保险制度的意见》实施之月起，可以按月领取城乡居民养老保险基础养老金；距规定领取年龄不足15年的，应逐年缴费，也允许补缴，累计缴费不超过15年；距规定领取年龄超过15年的，应按年缴费，累计缴费不少于15年。

6. 城乡养老保险制度衔接

为解决城乡养老保险制度衔接问题，2014年人力资源和社会保障部、财政部印发《城乡养老保险制度衔接暂行办法》（人社部发〔2014〕17号）并于7月1日起实施。依据该办法，参加城镇职工养老保险和城乡居民养老保险人员，达到城镇职工养老保险法定退休年龄后，城镇职工养老保险缴费年限满15年（含延长缴费至15年）的，可以申请从城乡居民养老保险转入城镇职工养老保险，按照城镇职工养老保险办法计发相应待遇；城镇职工养老保险缴费年限不足15年的，可以申请从城镇职工养老保险转入城乡居民养老保险，待达到城乡居民养老保险规定的领取条件时，按照城乡居民养老保险办法计发相应待遇。已经按照国家规定领取养老保险待遇的人员，不再办理城乡养老保险制度衔接手续。

（三）企业补充养老保险

企业补充养老保险也叫企业年金，是符合强制实施的国家养老金之外的，由企业在国家政策指导下，根据自身经济实力和经济状况建立的，为本企业职工提供一定程度退休收入保障的补充性养老保险制度。

（1）企业补充养老保险既不是社会保险也不是商业保险，不具有强制性和盈利性，而是一项企业福利制度，是企业人力资源战略重要组成部分。企业补充养老保险是社会保障体系的重要组成部分，是实施养老保障"多支柱"战略的重大制度安排：企业补充养老保险与国家养老金、个人储蓄性养老金一起构成多支柱养老保障体系。

（2）企业补充养老保险的责任主体是企业，是企业依据自身经济状况建立的企业保障制度，企业或职工承担因实施企业补充养老保险产生的所有风险；国家或政府作为政策制定者和监管者，不直接干预企业补充养老保险的管理和基金运营，其主要职责是制定规则，依规监管。

（3）建立补充养老保险的企业必须依法参加养老保险并履行缴费义务，必须具有相应的经济负担能力，必须已建立完善的集体协商机制。

（四）个人储蓄性养老保险

个人储蓄性养老保险是我国多层次养老保险体系的一个组成部分，是由职工自愿参加、自愿选择经办机构的一种补充保险形式。

由社会保险机构经办的职工个人储蓄性养老保险由社会保险主管部门制定具体办法，职工个人根据自己的工资收入情况，按规定缴纳个人储蓄性养老保险费，记入当地社会保险机构在有关银行开设的养老保险个人账户，并应按不低于或高于同期城乡居民储蓄存款利率计息，以提倡和鼓励职工个人参加储蓄性养老保险，所得利息记入个人账户，本息一并归职工个人所有。职工达到法定退休年龄经批准退休后，社会保险机构凭个人账户将储蓄性养老保险金一次性总付或分次支付给本人。职工跨地区流动的，其个人账户的储蓄性养老保险金应随之转移。职工未到退休年龄而死亡，记入个人账户的储蓄性养老保险金应由其指定人或法定继承人继承。实行职工个人储蓄性养老保险的目的是扩大养老保险经费来源，多渠道筹集养老保险基金，减轻国家和企业的负担；有利于消除长期形成的保险费用完全由国家负担的观念，增强职工的自我保障意识和参与社会保险的主动性；促进对社会保险工作实行广泛的群众监督。

【自学自测】

一、填空题

1. 社会养老保险，即由社会统筹基金支付的_____组成，是社会保障制度的重要组成部分，是社会保险五大险种中重要的险种之一，是国家和社会根据一定的法律和法规，为解决劳动者在达到国家规定的_____，或者_____退出劳动岗位后的基本生活而建立的一种社会保险制度。

2. 根据人力资源和社会保障部养老保险司的界定，我国养老保险由三个部分组成：第一部分是_____，第二部分是_____，第三部分是_____。其中，基本养老保险又包括_____。

3. 我国基本养老保险基金由_____、_____和_____等组成。

4. 城镇职工徐某于2017年1月满60周岁，基本养老保险缴费年限为13年，不满足领取基本养老金的条件。根据《社会保险法》，徐某如要领取养老金，可以选择的做法有_____或_____。

二、简答题

1. 简述基本养老保险待遇的领取条件。
2. 简述基本养老保险待遇。

任务二 协助老年人处理医疗保险问题

情境导入

张大妈，苏州人，女儿在北京工作。近几年，老人身体越发不好，无法自己在苏州生活，因此女儿将张大妈从苏州接到北京居住。可是女儿工作忙，没有精力照顾母亲，就把母亲送到某养老机构居住。张大妈身体不好，常常需要到医院看病和买药。由于张大妈常年生活在苏州，她所有的医疗保险关系都留存在苏州，这给她在北京就诊和买药带来很大的不便。

问题讨论：

如果你是张大妈的护理人员，关于异地就医问题能够给张大妈提供怎样的建议？

【知识学习】

医疗保险是指补偿疾病所带来的医疗费用的一种保险，是职工疾病、负伤、生育时，由社会或企业提供必要的医疗服务或物质帮助的社会保险，如中国的公费医疗、劳保医疗。中国职工的医疗费用由国家、单位和个人共同负担，以减轻企业负担，避免浪费。发生保险责任事故需要进行治疗时按比例付保险金。

一、城镇职工基本医疗保险

城镇职工基本医疗保险是为补偿劳动者因疾病风险遭受经济损失而建立的一项社会保险制度。通过用人单位和个人缴费，建立医疗保险基金，参保人员患病就诊发生医疗费用时，医疗保险经办机构给予一定的经济补偿，以避免或减轻劳动者因患病、治疗等所承受的经济风险。

（一）参保范围

城镇所有用人单位，包括企业（如国有企业、集体企业、外商投资企业、私营企业等）、机关、事业单位、社会团体、民办非企业单位及其职工，都要参加基本医疗保险。乡镇企业及其职工、城镇个体经济组织业主及其从业人员是否参加基本医疗保险，由各省、自治区、直辖市人民政府决定。

（二）费用缴纳

基本医疗保险费由用人单位和职工共同缴纳。用人单位缴费率应控制在职工工资总额的6%左右，职工缴费率一般为本人工资收入的2%。随着经济发展，用人单位和职工缴费率可做相应调整。

（三）个人账户

（1）建立基本医疗保险统筹基金和个人账户。基本医疗保险基金由统筹基金和个人账户构成。职工个人缴纳的基本医疗保险费全部记入个人账户。用人单位缴纳的基本医疗保险费分为两部分：一部分用于建立统筹基金，另一部分划入个人账户。划入个人账户的比例一般为用人单位缴费的30%左右，具体比例由统筹地区根据个人账户的支付范围和职工年龄等因素确定。

（2）统筹基金和个人账户要划定各自的支付范围，分别核算，不得互相挤占。要确定统筹基金的起付标准和最高支付限额。起付标准原则上控制在当地职工年平均工资的10%左右，最高支付限额原则上控制在当地职工年平均工资的4倍左右。起付标准以下的医疗费用，从个人账户中支付或由个人自付。起付标准以上、最高支付限额以下的医疗费用，主要从统筹基金中支付，个人也要负担一定比例。超过最高支付限额的医疗费用，可以通过商业医疗保险等途径解决。统筹基金的具体起付标准、最高支付限额以及在起付标准以上和最高支付限额以下医疗费用的个人负担比例，由统筹地区根据以收定支、收支平衡、略有结余的原则确定。

（四）城镇职工医疗保险待遇

1. 住院医疗待遇

（1）起付标准金以上至统筹基金最高支付限额4万元以内的费用

（2）大额医疗基金报销标准：起过医疗基金最高支付限额4万元以上的费用，扣除全自费、乙类自付费用后，由大额医疗基金支付92%，个人自付8%，全年最高限额25万元。在一个自然年度内，医疗基金最高支付限额为29万元。

（3）乙类自付是指按照规定的乙类药品、诊疗项目。参保人员使用时须先自付10%，统筹基金或大额基金再按规定的比例支付。

（4）参保人员因病情需要进行肾移植、骨髓移植、肝脏移植的，除肾源、骨髓源、肝源费用自付外，其他符合医疗保险目录的药品、诊疗项目和手术费用由统筹基金或大额基金支付。

2. 门诊统筹范围和报销标准

（1）在门诊进行泌尿系统碎石手术、白内障人工晶体植入术，符合诊疗目录和药品目录的费用，不扣起付线，扣除全自费、乙类自付费用后按住院标准报销。

（2）参保人员经批准并属于特殊门诊检查，统筹基金报销50%，个人自付50%。

（3）异地工作人员、出差人员（含旅游、探亲）、长期异地居住退休人员、长期异地居住灵活就业人员在异地医疗保险定点医疗机构就医，所发生的费用按规定凭有效单据（包括疾病证明书、转诊转院审核表、医保手册首页复印件、住院发票等）到社保经办机构按城镇职工基本医疗保险政策审核报销。经批准转市外就医的，其医疗费用凭有效票据到社保局按规定审核报销，其报销按医疗机构等级相应降低10%。

二、城乡居民基本医疗保险制度

我国整合城镇居民基本医疗保险和新型农村合作医疗两项制度，建立了统一的城乡居民基本医疗保险制度。

（一）参保范围

不属于城镇职工基本医疗保险制度覆盖范围的中小学阶段的学生（包括职业高中、中专、技校学生）、少年儿童和其他非从业城镇居民都可自愿参加城乡居民基本医疗保险。

（二）筹资水平

根据当地的经济发展水平以及成年人和未成年人等不同人群的基本医疗消费需求，并考虑当地居民家庭和财政的负担能力，恰当确定筹资水平；探索建立筹资水平、缴费年限和待遇水平相挂钩的机制。

（三）缴费和补助

城乡居民基本医疗保险以家庭缴费为主，政府给予适当补助。参保居民按规定缴纳基本医疗保险费,享受相应的医疗保险待遇,有条件的用人单位可以对职工家属参保缴费给予补助。此外,国家对个人缴费和单位补助资金制定税收鼓励政策。

(四)费用支付

城乡居民基本医疗保险基金的使用要坚持以收定支、收支平衡、略有结余的原则;要合理制定城乡居民基本医疗保险基金起付标准、支付比例和最高支付限额,完善支付办法,合理控制医疗费用;探索适合困难城乡非从业居民经济承受能力的医疗服务和费用支付办法,减轻他们的医疗费用负担。城乡居民基本医疗保险基金用于支付规定范围内的医疗费用,其他费用可以通过补充医疗保险、商业健康保险、医疗救助和社会慈善捐助等方式解决。

(五)保险待遇

(1)城乡居民基本医疗保险基金主要用于支付参保居民的住院、门诊大病和门诊抢救医疗等费用,支付范围和标准按照城镇居民基本医疗保险药品目录、诊疗项目、医疗服务设施范围和标准执行。

(2)起付标准(门槛费)与城镇职工基本医疗保险一样,即三级980元、二级720元、一级540元。

(3)就医管理。城乡居民基本医疗保险参保居民就医实行定点首诊和双向转诊制度,将社区卫生服务中心、专科医院、院店合作和二级及其以下医疗机构确定为首诊医疗机构,将部分三级综合和专科医疗机构确定为定点转诊医疗机构,参保居民就医时应首先在定点首诊医疗机构就诊,因病情确需转诊转院治疗的,由定点首诊医疗机构出具转院证明,方可转入定点转诊医院接受住院治疗,等病情相对稳定后,应转回定点首诊医院。

(4)支付比例。基金支付比例按不同级别医疗机构确定,一级、二级、三级医疗机构基金支付比例分别为75%、60%、50%。城乡居民连续参保缴费满2年后,可分别提高到80%、65%、55%。

(5)基本保额。一个自然年度内,基本医疗保险统筹基金的最高支付限额为每人每年1.6万元。如果是慢性肾功能衰竭(门诊透析治疗)、恶性肿瘤(门诊放、化疗)、器官移植抗排异治疗、系统性红斑狼疮、再生障碍性贫血(简称"门诊大病")患者,年统筹基金最高支付限额可提高到每人2万元。

三、商业医疗保险制度

商业医疗保险主要包括报销型医疗保险和赔偿型医疗保险。

报销型医疗保险(普通医疗保险)是指患者在医院里所花费的医疗费由保险公司来报销,一般分门诊医疗保险与住院医疗保险。

赔偿型医疗保险(专项医疗保险)是指患者明确被医院诊断为患了某种在保险合同上

列明的疾病，由保险公司根据合同约定的金额给付给患者治疗及护理，一般分单项疾病保险（如癌症保险）与重大疾病保险（10种、20种及30种等重大疾病保险）。

上述两类医疗险有相同点但又有不同点，相同点是患病才能获得保险给付，不同点主要包括：普通医疗险属全类型，即各类疾病都能获得保险给付；专项医疗保险属专项类，即某项在保险合同中明确列明的疾病或手术才能获得保险给付。保险公司推出的医疗保险常常会综合上述两大类保险的一部分来组合成。

四、异地就医制度

异地就医主要指转外就医和异地居住就医。转外就医是指参保人员因病情需要，转统筹区外定点医疗机构住院治疗；异地居住就医是指参保人长期异地居住、务工、学习，需在异地住院治疗。转外就医和异地居住就医实行备案制度。

（1）转外就医备案制度。

参保人在办理备案时，先由统筹区内二级以上定点医疗机构副主任及以上职称医师为其开具"基本医疗保险参保人员转外就医备案表"，由该定点医疗机构上传转外就医备案信息至经办机构完成备案。

转外就医备案后，参保人在统筹区外备案的定点联网医疗机构就医的，凭本人医保（社保）卡和身份证在定点联网医疗机构直接刷卡结算。未能直接刷卡结算的，由个人全额垫付后，携带相关资料到参保地医保经办机构按规定办理。办理时需携带发票原件、费用清单、病历、出院记录、检查化验报告单以及本人医保（社保）卡、身份证和银行卡等。

（2）异地居住就医备案制度。

参保人凭身份证和异地居住相关证明材料到参保地医保经办机构办理异地就医备案手续。例如，大学生因寒暑假、因病休学或符合高校管理规定的实习期间，可持身份证和相关证明材料进行异地就医备案。

参保人办理异地就医备案手续后，在备案地范围定点医疗机构发生的医疗费用，可凭本人医保（社保）卡或身份证通过定点联网医疗机构刷卡直接结算，或者由个人全额支付后，携带相关资料到参保地医保经办机构（政务大厅）办理。参保人在备案地定点医疗机构发生住院医疗费用，按已办理转外就医备案进行结算。

已办理异地就医备案手续的参保人，需要在备案生效的3个月后，才能撤销异地就医备案或修改备案地。

转院、异地居住参保人可纳入城乡居民基本医疗保险基金支付范围，住院医疗费用按规定予以支付。

（3）参保人未办理转外或异地居住就医备案手续（急诊急救除外），在统筹区外定点医疗机构住院发生的医疗费用，起付标准在规定标准的基础上提高10%，基金支付比例下降10%。

（4）异地就医结算由市医保经办处负责。异地就医使用就医地目录，实行就医地管理，执行参保地支付政策。按单病种付费的病例，执行就医地病种付费标准。

【自学自测】

一、填空题

1. 城镇职工基本医疗保险是为补偿劳动者因_____遭受经济损失而建立的一项社会保险制度。通过_____和_____，建立医疗保险基金，参保人员患病就诊发生医疗费用后，医疗保险经办机构给予一定的经济补偿，_____因患病、治疗等所承受的经济风险。

2. 基本医疗保险费由_____和_____共同缴纳。用人单位缴费率应控制在职工工资总额的_____左右，职工缴费率一般为本人工资收入的_____。

3. 基本医疗保险基金由_____和_____构成。职工个人缴纳的基本医疗保险费，全部记入_____。用人单位缴纳的基本医疗保险费分为两部分：一部分用于建立_____，另一部分划入_____。划入_____的比例一般为用人单位缴费的_____左右，具体比例由统筹地区根据个人账户的支付范围和职工年龄等因素确定。

4. 我国整合_____医疗保险和_____医疗两项制度，建立统一的城乡居民基本医疗保险制度。

二、简答题

1. 城镇职工医疗保险与城乡居民医疗保险有何区别？
2. 如何办理异地就医？

任务三
协助老年人申请社会救助

罗老汉，家住某社区，70岁，小学文化，是一位孤寡人士，体弱多病，靠捡卖塑料瓶为生，月收入500元左右，生活常常没有着落。

问题讨论：

如果你是该社区的养老服务人员，应如何帮助老人申请医疗救助？

【知识学习】

一、社会救助

（一）社会救助的含义

社会救助是指国家和社会对由于各种原因而陷入生存困境的公民给予财物接济和生活扶助，以保障其最低生活需要的制度。社会救助作为社会保障体系的一个组成部分，具有不同于社会保险的保障目标：社会保险的目标是预防劳动风险，而社会救助的目标则是缓解生活困难。

社会救助是国家和其他社会主体对遭受自然灾害、失去劳动能力或其他低收入的公民给予物质帮助或精神救助，以维持其基本生活，保障其最低生活水平的各种措施。它对调整资源配置、实现社会公平、维护社会稳定等起到了非常重要的作用。

（二）社会救助体系的内容

1. 基本生活救助

基本生活救助是社会救助的核心内容，主要解决贫困个人与家庭的温饱等基本生存问题。基本生活救助目前主要面向两类群体：一类是持有非农业户口的城市居民，另一类是农村中无法定抚养人、无劳动能力、无生活来源的老年人、残疾人和未成年人。

2. 专项社会救助

专项社会救助主要对生活救助起补充作用，仅针对生活中的某一方面进行救助，主要包括教育救助、医疗救助和住房救助。

3. 灾害救助

灾害救助是指国家和社会对自然灾害造成生活贫困的社会成员提供一定的物质帮助，以维持其最低生活水平，恢复和提高灾民的生存能力。灾害救助属于临时救助。

4. 流浪乞讨人员救助

流浪乞讨人员是"在城市生活无着落的流浪、乞讨人员"的简称，对流浪乞讨人员的救助是我国专项救助制度的重要内容。

（三）城市居民最低生活保障制度

城市居民最低生活保障制度是国家为解决城市居民的生活困难而建立的一种社会救济制度，是中国特色社会保障体系的一项重要内容。实施城市居民最低生活保障制度后，由于救济标准统一、救济范围扩大、救济水平提高、救济行为规范，我国的社会救济工作开始进入规范化、法制化管理轨道。

1. 基本原则

《城市居民最低生活保障条例》(国务院令第271号)规定:"城市居民最低生活保障制度遵循保障城市居民基本生活的原则,坚持国家保障与社会帮扶相结合、鼓励劳动自救的方针。"城市居民最低生活保障遵循以下三个基本原则:

(1)保障最低生活,保障水平与生产力发展和当地居民的总体生活水平以及各方承受能力相适应。

(2)由政府承担保障的主要责任。

(3)以全体城市居民为保障对象。

实施城市居民最低生活保障制度,必须进行家庭经济情况调查,按法定的程序确定申请对象是否陷入贫困,保证最低生活保障资金切实用于最需要救助的公民。法定程序主要包括个人申请、调查审核、社区证明、政府批准等。

2. 城市低保救助范围

《城市居民最低生活保障条例》(国务院令第271号)规定:"持有非农业户口的城市居民,凡共同生活的家庭成员人均收入低于当地城市居民最低生活保障标准的,均有从当地人民政府获得基本生活物质帮助的权利。"这里的"收入"是指共同生活的家庭成员的全部货币收入和实物收入,包括法定赡养人、扶养人或者抚养人应当给付的赡养费、扶养费或者抚养费,不包括优抚对象按照国家规定享受的抚恤金、补助金。

3. 救助标准

城市居民最低生活保障标准按照当地维持城市居民基本生活所必需的衣、食、住等的费用,并适当考虑水、电、燃煤(燃气)费用以及未成年的义务教育费用确定。直辖市、设区的市的城市居民最低生活保障标准由市人民政府民政部门会同财政、统计、物价等部门制定,报本级人民政府批准并公布执行;县(县级市)的城市居民最低生活保障标准由县(县级市)人民政府民政部门会同财政、统计、物价等部门制定,报本级人民政府批准并报上一级人民政府备案后公布执行。如果城市居民最低生活保障标准需要提高,依照规定重新核定。

4. 资金来源

城市居民最低生活保障所需资金,由地方人民政府列入财政预算,纳入社会救济专项资金支出项目,专项管理,专款专用。国家鼓励社会组织和个人为城市居民最低生活保障提供捐赠、资助;所提供的捐赠、资助,将被全部纳入当地城市居民最低生活保障资金。

5. 申请程序

申请享受城市居民最低生活保障待遇,由户主向户籍所在地的街道办事处或者镇人民政府提出书面申请,并出具有关证明材料,填写"城市居民最低生活保障待遇审批表"。城市居民最低生活保障待遇由其所在地的街道办事处或者镇人民政府初审,并将有关材料和初审意见报送县级人民政府民政部门审批。管理审批机关为审批城市居民最低生活保障待遇的需要,可以通过入户调查、邻里访问以及信函索证等方式,对申请人的家庭经济状况和实际生活水平进行调查核实。申请人及有关单位、组织或者个人应当接受调查,如实提供有关情况。对经批准享受城市居民最低生活保障待遇的城市居民，由管理审批机关采取适当形式以户为单位予以公布，接受群众监督。

（四）农村"五保"供养

1. 农村"五保"供养范围

农村户籍的老年、残疾或者未满16周岁的村民，无劳动能力、无生活来源又无法定赡养、抚养、扶养人，或者其法定赡养、抚养、扶养人无赡养、抚养、扶养能力的，享受农村"五保"供养待遇。

2. 农村"五保"供养内容

农村"五保"供养包括下列供养内容：
（1）供给粮油、副食品和生活用燃料。
（2）供给服装、被褥等生活用品和零用钱。
（3）提供符合基本居住条件的住房。
（4）提供疾病治疗，对生活不能自理的给予照料。
（5）妥善办理丧葬事宜。

农村"五保"供养对象未满16周岁或者已满16周岁仍在接受义务教育的，应当保障他们依法接受义务教育所需费用。

农村"五保"供养对象的疾病治疗应当与当地农村新型合作医疗和农村医疗救助制度相衔接。

3. 农村"五保"供养申请程序

享受农村"五保"供养待遇，应当由村民本人向村民委员会提出申请；因年幼或者智力残疾无法表达意愿的，由村民小组或者其他村民代为提出申请。经村民委员会民主评议，对符合规定条件的，在本村范围内公告；无重大异议的，由村民委员会将评议意见和有关材料报送乡、民族乡、镇人民政府审核。乡、民族乡、镇人民政府应当自收到评议意见之日起20日内提出审核意见，并将审核意见和有关材料报送县级人民政府民政部门审批。县级人民政府民政部门应当自收到审核意见和有关材料之日起20日内做出审批决定。对批准给予农村"五保"供养待遇的，发给农村五保供养证书；对不符合条件不予批准的，应当书面说明理由。乡、民族乡、镇人民政府应当对申请人的家庭状况和经济条件进行调查核实，必要时，县级人民政府民政部门可以进行复核。申请人、有关组织或者个人应当配合、接受调查，如实提供有关情况。

二、医疗救助

医疗救助是保障困难群众基本医疗权益的基本性制度安排，在助力脱贫攻坚、防止因病致贫、因病返贫等方面发挥着重要作用。我国城乡医疗救助于2003年和2005年分别在农村和城市开始试点，2008年城乡医疗救助制度全面建立。

（一）救助对象

根据有关规定，医疗救助对象须同时符合以下条件：①须为贫困人口；②须为伤病患者；③须无力支付医疗费用。

医疗救助具体的范围包括：

（1）"三无"人员，即无法定扶养人，或者虽有法定扶养人，但是扶养人无扶养能力的；无劳动能力的；无生活来源的。

（2）自然灾害导致伤病的农村灾民。

（3）参加基本医疗保险但个人负担医疗费用有困难的城市贫民。

（4）享受城市居民最低生活保障待遇、家庭中丧失劳动能力的伤病无业人员，60周岁以上的伤病无业老人和16周岁以下的伤病未成年人。

（5）伤残军人、孤老复员军人及孤老烈属等重点优抚对象。

（6）其他各种经救助仍有困难自付医疗费用的特困人员。

（二）医疗救助的审批

（1）医疗救助对象参加当地新型农村合作医疗的，由县级民政部门对符合资助条件的对象统一登记造册，测算资助所需资金，制订用款计划，报同级财政部门审核；县级财政部门对民政部门的用款计划审核后，及时将所需资金拨付给民政部门（实行国库集中支付的地区，将资金直接拨付到合作医疗管理办公室账户），再按计划实施资助。但是被资助的医疗救助对象应缴纳个人负担的资金。

（2）医疗救助对象患大病的，由申请人（户主）向户口所在地的村民委员会提出书面申请，填写申请表，如实提供医疗诊断书、医疗费用收据、病史材料，已参加新型农村合作医疗的按规定领取的合作医疗补助凭证，经村民代表会议评议同意后报乡镇人民政府审核；分散供养和集中供养的"五保户"，由所在地的行政村或敬老院直接报乡镇人民政府审核。乡镇人民政府对村委会上报的申请表和有关材料进行逐项审核，对符合医疗救助条件的，上报县级人民政府民政局审批。县级人民政府民政局对乡镇人民政府上报的有关材料进行复审核实，并及时签署审批意见。对符合医疗救助条件的家庭核准其享受医疗补助金额；对不符合享受医疗救助条件的家庭应当书面通知申请人，并说明理由。

（3）各地对办理医疗救助申请和审批的限定时间由县级人民政府做出具体规定。

（三）医疗救助实施办法

1. 医疗费减免

医疗费减免是医疗救助的基本形式或常规形式。通过政府颁布文件，强制要求公办医疗机构对医疗救助对象在挂号费、治疗费、药费、住院费等费用上实行一定比例的减收或全部免收。

2. 建立大病医疗救助基金

地方政府财政每年拨出专款建立大病医疗救助基金,对得大病、重病的贫困人口施以救助。

3. 实施专项医疗补助

专项医疗补助可以采取专项补助、包干使用的办法实施救助,即由财政部门每年根据救助对象的治病需求,拨付一定的经费,专款专用,小病包干,大病补助。

4. 开展团体医疗互助

团体医疗互助可以由工会、妇联等群众团体建立医疗互助、互济组织,经费来源于工会经费、个人缴费以及社会捐助等,当贫困职工、妇女或家庭无力支付医疗费用时给予一定的资助。

5. 开展慈善医疗救助

慈善募捐由慈善组织或其他社会组织发起,对特定贫困病人开展献爱心募集资金活动,所筹资金专款专用,所剩部分再去救治其他对象。医院也可以与社区达成协议,定期轮流派医护人员或医疗救助志愿者无偿到社区对"三无"人员等符合医疗救助条件的人员进行义诊,上门服务。有条件的地方还可以创立福利医院或慈善医院。

【自学自测】

一、填空题

1. 社会救助是指国家和社会对_____生存困境的公民给予_____和_____,以保障其_____生活需要的制度。社会救助作为社会保障体系的一个组成部分,具有不同于社会保险的保障目标:社会保险的目标是_____,而社会救助的目标则是_____。

2. 城市居民最低生活保障制度是国家为解决城市居民的_____而建立的一种制度,是中国特色社会保障体系的一项重要内容。

3. 《城市居民最低生活保障条例》(国务院令第271号)规定:"持有_____的城市居民,凡_____的家庭成员人均收入低于_____,均有从当地人民政府获得基本生活物质帮助的权利。"

二、简答题

1. 社会救助体系的内容是什么?
2. 什么是"三无"人员?什么是农村"五保"供养?

【实训演练】

一、实训步骤

(1)完成实训资料及案例的学习,整合教材、网络、调研等相关知识。
(2)本项目包含两个实训任务,请依次完成。
(3)实训过程中可采用线上线下混合学习的方式,学生以小组为单位合作完成。
(4)请将每项实训任务的成果整理到相关表格中。
(5)最终完成两个拓展延伸任务,同学们对身边的老年人医疗保险情况进行调查,并通过小组讨论提出我国在养老和医疗保障制度方面的改进和完善建议。

二、实训资料

五险一金有哪些？

"五险"指的是五种保险，包括养老保险、医疗保险、失业保险、工伤保险和生育保险，即平时所说的社保。"一金"指的是住房公积金。其中，养老保险、医疗保险和失业保险这三种险是由企业和个人共同缴纳保费，工伤保险和生育保险费用完全是由企业承担的，个人不需要缴纳。需要注意的是，"五险"是法定的，而"一金"不是法定的。

世界各地不同国家的养老保险类型制度

1. 储金型养老保险

储金型养老保险制度在一批新兴市场经济国家实行，以新加坡、智利等国家为代表，强调自我保障的原则，实行完全积累的基金模式，建立了不同类型的个人养老保险账户或公积金账户。

2. 国家型养老保险

国家型养老保险制度曾经在大多数计划经济国家实行，以苏联、东欧国家为代表，按照"国家统包"的原则，由用人单位缴费，国家统一组织实施，工人参与管理，待遇标准统一，保障水平较高。

3. 传统型养老保险

传统型养老保险以美国、德国、法国等发达市场经济国家为代表，贯彻"选择性"原则，它不是覆盖全体国民，而是选择一部分社会成员参加，强调待遇与工资收入及缴费（税）相关联，也可称为"收入关联型养老保险"。

4. 福利型养老保险

福利型养老保险以英国、澳大利亚、加拿大、日本等发达市场经济国家为代表，贯彻"普惠制"原则，基本养老保险覆盖全体国民，强调国民皆有年金，又称为"普惠制养老保险"。

5. 混合型养老保险

原来实行福利型养老保险的国家，如今大多已经或正在向一种混合型制度转轨，即福利型养老保险与"收入关联型养老保险"同时并存，共同构成第一支柱的基本养老保险。例如，英国与加拿大就是这种养老保险制度。

各国医疗保险制度的类型

自19世纪80年代德国颁布第一个疾病保险法以来，医疗保险制度已经有了很大的发展，世界上许多国家都建立了医疗保险制度。

从各国实行的医疗保险来看，主要有两种类型：一是保健服务型，即所有国民，不论贫富都可以享受政府提供的医疗和保健服务；二是医疗保险型，是指当劳动者及其家属生病时，由社会医疗保险体系提供医疗服务和承担费用。

从医疗保险费用给付方式和医疗保险基金管理模式来看，医疗保险制度主要有以下四种类型：

（1）免费型国民医疗保险，典型国家有英国、瑞典。英国于1946年制定《国民健康保健法》，对全体国民实行免费医疗。国民保健服务以全民为对象，包括预防、医疗和康复等服务，没有最低条件的限制。医疗服务由与国民健康服务局签订合同的医生或牙医提供，由国民健康服务局提供费用或由公共医院支付。国民没有任何条件限制，均可免费享受国民保健服务。

（2）现收现付型医疗保险，典型国家有德国、日本。德国现行医疗保险法律依据是1989年1月1日起生效的《社会法典》第5卷的医疗卫生改革法，该法主要规定了法定医疗保险制度。德国约90%的人口在法定医疗保险范围内，保险费由雇主和雇员共同承担，费率大约是雇主和雇员工资的13.5%，由雇主和雇员各承担50%。保险费现收现付，被保险人的年龄、性别和健康状况与缴费水平无关，享受的医疗待遇也不受缴费多少的影响。医疗保险待遇包括预防疾病、疾病的早期诊断、治疗疾病、医学康复、支付医疗津贴、支付丧葬补贴等。

（3）个人积累型医疗保险，典型国家有新加坡。新加坡于1955年开始实施中央公积金计划，其中包括医疗保险。该制度完全实行个人积累的模式，由雇主和雇员按月根据工资的一定比例缴纳公积金，并存入不同的账户，公积金分设三个不同账户：普遍账户、医疗储蓄账户和特别账户。其中医疗储蓄账户的存款最高限额为19 000新加坡元，超出限额的缴费自动转入普遍账户。医疗储蓄主要用于支付雇员及其家人的住院费用，其中包括病房费、医疗费、手术费、检查费等。

（4）混合型医疗保险，典型国家有美国。美国实行国家医疗救助与医疗保险制度相结合的模式，即对一部分人实行国家医疗救助，而对一部分人实行医疗保险制度。具体来说，对在职的雇员实行医疗保险制度，而对65岁以上的老年人、贫困者和严重的残疾人员则实行政府资助的国家医疗救助模式。

各国社会救助制度比较

1965年美国出版的《社会工作百科全书》曾述："社会救助是社会保险制度的补充，当个人或家庭生计断绝急需救助时，乃给予生活上的扶助，是在整个社会保障制度体系中，最富弹性而不受拘束的一种计划。"社会救助制度是整个社会保障体系中最基本的救助制度，在社会保障制度中起着"保底"的作用，具有不可替代的地位。社会救助制度在发达国家有着悠久的历史，这对我国建立完善的社会救助制度有一定的借鉴作用。

英国：救助立法时间悠久

英国政府对贫困群众非常重视，早在1601年，英国就颁布了具有历史意义的《伊立沙白济贫法》，对贫困群体和收入低于最低工资标准的工人予以津贴补助。1834年，英国制定了《济贫法修正案》，明确社会救助属于公民应享受的权利，实行社会救助是政府应尽的义务，并成立专门管理局。此后，英国又先后出台了一系列法律条文，逐步形成了比较完善的社会救助制度。

英国社会救助的项目很多，甚至有些是福利式的救助，主要包括低收入家庭救助、老龄救助、儿童救助、残疾救助、失业救助及疾病救助等内容。其中，低收入家庭救助是指对收入低于官方规定贫困线家庭的救助，救助金随政府规定的贫困标准的调整而变化。低收入者还可以取得一部分取暖费，有子女的家庭不仅可获得学校免费牛奶和免费膳食以及免缴国民保险费,还可以享受房租补贴等。老龄救助主要是对年满80岁、没有资格享受养老金或只有少量养老金的老年人给予补助。残疾救助包括残疾人的保姆补贴、活动补贴和重残补贴。

社会救助制度最基本的特征是有明确的针对性,只对自我保障有困难而且确需救助的人给予救助。因此,以上救助项目都会有相关的财力审查和就业审查来确定申领人领取救助金的资格。

在财力审查的范围方面,英国只考虑申领人及其配偶的现有财力。在社会救助标准之外规定一个免审额度,即允许申领人持有少量的资产或收入,视同无资产、无收入,不抵扣社会救助金。

在就业审查范围方面,英国政府对以下四类人员实行严格限制:一是年轻失业人员。英国政府要求失业6个月的18~24岁的年轻人必须从四种方案[在私人部门工作(雇主得到补助)、在志愿性部门工作、从事环境保护工作、接受全职教育或培训]中做出选择。二是单亲父母。英国政府制订了特别行动计划,通过工作寻求、建议和培训帮助单亲父母找到工作,必要时可以为那些再次全职学习的单亲父母提供照看小孩的服务。三是长期失业人员。英国政府规定,雇主雇用一个已失业2年或2年以上的失业者可从政府获得为期6个月的每周75英镑的工资补助,年龄超过50岁的人还可享受特殊援助。四是残疾人或者长期患病的人。这类人员也可获得额外的补助,目标是帮助残疾人或长期患病的人找到工作或者帮助那些已工作的人继续工作。通过上述一系列措施,使那些依靠福利生存的特殊人群走上工作岗位,摆脱对福利的依赖,建立社区不同部门(包括雇主、志愿性组织)、地方政府和中央政府之间的新型关系。

美国:救助制度丰富完善

美国独立以后,1935年罗斯福总统颁布了历史上第一部社会保障法,从而建立起世界上第一个较为完整的社会保障制度,并首次明确了"社会保障"的概念。后经历届政府的多次修改和补充,逐步形成了现行的社会保障体系,社会救助是其中的重要组成部分,在美国,社会救助又称为公共救助或福利补贴。

美国的社会救助制度主要包括以下几方面:

(1)对有子女困难家庭的资助。政府以现金资助单亲有子女家庭或父母失业和丧失劳动能力的家庭。

(2)养老及困难补贴。其主要做法是对老年人和残疾人发放现金补贴。

(3)免费医疗。免费医疗是为了使穷人获取医疗服务的项目。在美国所有的资助项目中该项目耗资最大,由联邦和州政府分担。对于低收入个人而言,免费医疗服务的适用范围很广,从住院到门诊,从检查到手术治疗,大部分都不用自己花钱。

(4)食品券补助。食品券是政府发行的专供购买食品的有价证券,以解决贫困阶层的基本生活。

(5)儿童营养补助。儿童营养补助主要是为哺乳期的母亲、婴儿以及5岁以下儿童而设立的,每年都有数千名妇孺享受这种补助。

除此之外,美国还有安居计划、教育救助就业培训援助等,帮助贫困家庭获得教育、住房、培训和就业的机会,增强贫困家庭自救、自助和发展能力,解决贫困家庭长期依赖政府救助的问题。

在申领人财力审查方面,美国和英国相似,只考虑申领人及其配偶的现有财力;在就业审查方面,自2000年起,美国政府要求接受援助的单亲父母2年内每周工作至少30小时,核心家庭每周至少工作35小时。联邦政府还制定了社会救助受益家庭的就业目标,社会救助受益家庭就业率从1997年的至少实现25%提高到2002年的50%以上,核心家庭的标准则由75%提高到90%。

德国:救助特殊困难家庭

19世纪末,德国俾斯麦政府创建了社会保险制度,这种以预防为主应对社会经济风险的新的社会保障手段很快在欧洲各工业国流行开来。德国政府在1942年制定了关于政府救济的法令,第一次对公共救助的享受条件、救助种类和程度做出了全国统一规定。1961年,联邦德国颁布了新的《联邦社会救助法》,对特殊困难者进行社会救助做出了具体规定,此后又进行了几次修改,改善了救助的支付方式,扩大了对残疾者的救助范围。1975年,绝育和计划生育救助也被列入《联邦社会救助法》。20世纪90年代初两德合并后继续实行上述法规。

德国的社会救助分为两类:一类是特殊困难群体的救助,救助对象包括残疾人、老人、病人、孕妇、产妇、在国外的德国人;另一类是低收入家庭的救助,这种救助面向全社会,除了食品费、生活费、燃料费以及杂费等日常生活费外,还包括代缴纳的医疗费、养老保险费、支付丧葬费等。对高龄、残疾、妊娠、妇女生育等特殊需求者,其救助标准比一般标准高30%。为解决低收入、多子女家庭及残疾人、老年人住房困难问题,德国实施了住房补贴救助。凡收入不足以租住适当面积住房的公民都可以享受国家提供的住房补贴。

另外,儿童补贴也是德国社会救助的重要内容。只要有子女的家庭都可以得到家庭津贴,子女越多,得到的家庭津贴也越多。

在申领人财力审查方面,德国不仅考虑申领人及其配偶的现有财力,还将申领人的父母、祖父母、成年子女的财力状况放在考虑之列。

韩国:救助倾向生活保护

韩国的社会救助主要包括生活救助、有功人员救助以及灾害救助。生活救助包括生计救助、医疗救助、妇产救助、教育救助、丧葬救助、职业训练以及就业安排。医疗救助是生活救助的一个方面,对无劳动能力的贫困人员的医疗救助从门诊到住院全部医疗费由医疗保护基金支付。对有劳动能力的救助对象,医疗保护基金负担其门诊医药费,但住院费只负担一半,剩余一半可无息贷给。医疗救助对象必须在指定医疗单位就诊或住院。

韩国颁布法律对国家有功人员发给津贴并进行生活救助。有功人员包括爱国先烈、爱国志士、战死、战伤、殉职、工伤的军警,殉职、工伤的公务员,武功勋章和报国勋章获得者等及其遗属。对他们的待遇不仅包括年金、生活津贴、看护津贴、住宅资金、抚恤等,还进行教育保护、就业保护、医疗保护、养老保护以及提供贷款、减免交通费等。

灾害救护的内容包括提供收容设施,提供食品、被褥、学习用品及其他生活必需品,对遇灾住宅进行应急修缮,提供或贷给生活所需资金器具或材料,介绍就业,办理丧事,等等。灾害救护所需费用设立灾害救护基金,由国库负担70%,地方政府负担30%。

三、实训案例

案例1：某市男职工在60岁退休时，当地上一年度在岗职工月平均工资为4 800元，个人账户累计余额140 000元，累计缴费年限为15年时，个人平均缴费基数为1。请问他每个月可以领取的退休金是多少？

案例2：城市居民张某的前妻病故，留有一子，现在的妻子李某是来自外地某村的"外来媳"，没有当地城市户籍。半年前，张某失业，被查出患有癌症，几轮治疗已花光家中积蓄，全家人为筹措治疗费用犯愁。张某的儿子刚考上初中。

目前，家庭重担全落在了李某一人肩上，她既要照顾卧床的丈夫，又要赚钱养家。由于李某缺乏相应的工作技能，一直找不到正式的工作，只能打零工，收入不高且不稳定，全家人均收入低于当地最低生活保障标准。李某感到压力很大，一直渴望有人帮忙，但是她在当地没有亲戚，如今刚嫁过来，不会讲当地方言，也没有朋友可以倾诉，有的邻居认为她是外地人，不愿与她多交往，李某感到很难过，因此也较少参加社区活动。

四、实训任务

实训1：小组合作完成任务一情境导入案例任务。

情境导入案例任务	
问题	内容
我国城镇职工基本养老金的领取条件是什么？城镇职工基本养老保险有哪些待遇？	
我国城乡居民基本养老金的领取条件是什么？城乡居民养老保险有哪些待遇？	
情境任务分析	
三位老人应采取哪种方式参加养老保险？可享受的待遇分别是什么？	

实训2：小组合作完成任务二情境导入案例任务。

情境导入案例任务	
问题	内容
异地就医的法律规定有哪些？	
异地就医的基本流程是什么？	
情境任务分析	
可以给张大妈提出怎样的建议？	

实训3：小组合作完成任务三情境导入案例任务。

情境导入案例任务	
问题	内容
社会救助的含义是什么？	
社会救助体系的内容有哪些？	
情境任务分析	
针对罗老汉的困境，如何开展救助？	

实训 4：小组合作完成社会救助宣传方案制订。

社会救助制度宣传	
项目	内容
宣传时间和主题	
宣传形式及内容	
注意事项	
计划实施	

【拓展延伸】

任务 1：以小组为单位，制定调查问卷，对身边的老年人医疗保险情况进行调查。每组调查 20 名以上不同类型的老人，形成调查报告，协助老年人享受医疗保险待遇。

任务 2：小组讨论，我国养老和医疗保障在哪些方面还需要改进和完善？

项目四　老年人社会优待

【学习导语】

　　老年人参与社会发展，既是综合治理人口老龄化的客观需要，又是老年人实现人生价值、获取精神慰藉的重要途径，这对于国家、社会、家庭和老年人自身来说都有着重要而深远的意义。社会发展本身是一个宽泛的概念，老年人参与社会发展的方式和途径多种多样。

　　老年人社会优待是指针对老年人特殊群体，国家和社会给予的特别优待，以方便老年人的日常生活，弘扬中华民族敬老、爱老、助老的传统美德，保障老年人的合法权益。优待老年人，应积极为老年人提供各种形式的服务，促进老年人共享经济社会发展成果。

【学习目标】

知识目标：
1. 掌握老年人参与社会发展的含义。
2. 掌握老年人参与社会发展的主要形式。
3. 了解老年人享受社会优待的方式和基本要求。
4. 了解老年人享受社会优待的主要内容。

能力目标：
1. 能够协助老年人参与社会发展。
2. 能够协助老年人享受社会优待。

素质目标：
1. 弘扬敬老、爱老、助老的中华民族传统美德。
2. 培养服务意识，让老年人共享经济社会发展成果。

项目四　老年人社会优待

【思维导图】

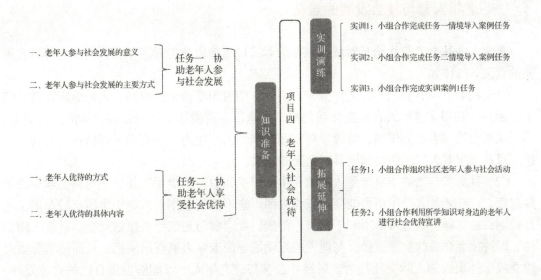

任务一
协助老年人参与社会发展

情境导入

养老服务人员阿华在社区需求调查中发现，社区中有一些老年人不参与社会交往，几乎整天待在家里，这些老年人中有的是独居老人。阿华偶尔碰到他们都会热情地与其打招呼，但老人没有沟通交流的意愿，勉强应付点头。阿华看在眼里急在心里。如何让老人参与社交活动成了阿华迫切要解决的问题。

【知识学习】

《老年人权益保障法》设专章保障老年人参与社会发展的权益。中国颁布的老龄事业发展计划或规划都把鼓励老年人参与社会发展作为重要内容，并为发挥离退休高级专家和专业技术人员的作用制定专项政策。在城镇，各级人民政府根据经济、社会和科技发展的需要，引导老年人参与教育培训、技术咨询、医疗卫生、科技应用开发以及关心教育下一代等活动。国家重视和珍惜老年人的知识、经验和技能，尊重他们的优良品德，积极创造

81

条件,发挥老年人的专长和作用,鼓励和支持老年人融入社会,继续参与社会发展。

一、老年人参与社会发展的意义

老年人的社会参与无论是对我国积极应对人口老龄化还是对老年人自身发展都具有重要的意义。具体如下:

(1)社会参与有利于开发老年人人力资源。随着预期寿命的提高,人们健康存活时间不断延长,且很多老年人在离退休后仍有工作意愿。若能够有效发掘该群体的人力资源,不仅能增加我国劳动力供给,继续发挥专业技术型人才能力,还有助于降低社会的养老负担,对我国应对人口老龄化问题具有重要的意义。

(2)社会参与能够丰富老年人的晚年生活。退休后,缺少了工作这一与社会联系的重要纽带,一些老年人的生活可能变得较为封闭,这不仅使老年人的晚年生活比较单调,而且长期保持这样的状态可能不利于其身心健康。社会参与是老年人接触社会、进行人际交往、保持社会联系的重要途径。与他人的互动能够使老年人拥有归属感,从而使其有动力建立或保持积极的人际交往行为。通过社会参与,老年人不仅能够发展自己的兴趣爱好,增加见闻和生活体验,还能够认识新的朋友,使晚年生活更加丰富和充实。

(3)社会参与有助于提高老年人健康水平。社会参与能够从生理、心理、认知能力等多方面改善老年人的健康状况。很多社会参与是身体锻炼形式的,如参加各类体育团体等,可以使老年人达到锻炼身体的目的;参加一些益智类活动,如下棋、打牌等,能够帮助老年人锻炼认知能力;与同伴交流健康信息,如锻炼方法、饮食习惯等,能够帮助老年人形成更健康的生活习惯。此外,在参与活动过程中,老年人还能够与他人倾诉遇到的烦恼或困难,从他人处得到安慰和建议,达到疏解压力、获得情感支持的作用,有利于老年人保持心理健康。

(4)社会参与是老年人实现个人价值的重要方式。根据马斯洛需求层次理论,自我实现是最高层次的需求,老年人在退休后,有了更多自由的时间,大多也不再担心生计问题,可能更多地转向对自我实现的需求。参与一些社会活动,如作为志愿者、在组织中承担相应角色等,能够使老年人获得意义感和目标感,达到自我实现的目的。

二、老年人参与社会发展的主要方式

社会发展本身是一个宽泛的概念,老年人参与社会发展的方式和途径也多种多样。《老年人权益保障法》第六十六条规定:"国家和社会应当重视、珍惜老年人的知识、技能、经验和优良品德,发挥老年人的专长和作用,保障老年人参与经济、政治、文化和社会生活。"第六十九条规定:"国家为老年人参与社会发展创造条件。"第七十条规定:"老年人参加劳动的合法收入受法律保护。任何单位和个人不得安排老年人从事危害其身心健康的劳动或危险作业。"

老年人具有较丰富的实践经验,他们之中许多人是经济建设的能手和各种专门管理人才,是中华民族物质文明和精神文明的创造者、继承者和传播者。老年人长期积累起来

的丰富的工作经验往往为青年人所不及，这是他们的一种特殊优势。由于中国城市近年来离退休职工的迅速增长，政府十分注意发挥老年人的作用，积极鼓励并为老年人参与社会发展提供条件。我国根据社会需要和可能，鼓励老年人在自愿和量力的情况下，从事下列活动：

（1）对青年和儿童进行社会主义、爱国主义、集体主义教育和艰苦奋斗等优良传统教育。青少年和儿童是祖国的未来，处于智力发育和世界观、人生观、价值观形成的过程中，培养和教育他们健康成长，人人都成为国家的有用之才，不仅是学校、家庭和社会的责任，也是老年人的责任。人类社会的发展和进步、优良传统的继承和发扬，依靠的就是代代相传，而老年人在此过程中起着不可替代的作用。老年人对青少年和儿童不管是在家庭中还是在社会上都最关心、最爱护，寄予的希望也最大。因此，充分调动老年人的积极性和力量，对青少年和儿童进行社会主义、爱国主义、集体主义教育和艰苦奋斗等优良传统教育既是必要的，也是可行的。

（2）传授文化和科技知识。老年人是历史的见证人，是人类文化知识和生产经验的继承者、创造者、发展者和传播者。老教授、老教师、老专家、老科技工作者，以及有经验、有技能的老工人、老农民，都可以将自己的经验、知识和技能，通过兴办民办学校、举办科普讲座和科技知识宣讲活动、著书立说、做辅导报告、技术指导、现场示范等多种形式，传授给他人。

（3）提供咨询服务。一些长期担任政府领导工作，具有丰富经验的老干部、老专家和大批科技工作者从事的各种咨询服务工作，以及一些地区的政府机关吸收老同志参加政府的咨询委员会、咨询小组、咨询顾问，对当地的重大社会问题、经济问题进行调查研究，提出可行性分析，拟订方案建议，如上海市政府咨询小组、天津市政府咨询委员会，这些咨询组织在重大的社会问题和经济问题的决策上为政府当好参谋起了很好的作用。

（4）依法从事经营和生产活动。在企业，一些离退休的老职工自动组织起来，参与开发新产品、技术攻关、修旧利废、维修设备、职工技术培训、咨询服务。其服务的范围主要有三类：第一类是在修理、洗染、食杂、饭店、旅店、照相等服务网点面向社会开展便民服务；第二类是紧紧围绕企业的生产，承揽机械加工、设备维修、装备，为企业的生产服务；第三类是承揽技术革新、设备改造、技术攻关项目，为社会和企业开展技术咨询服务。在农村，有些老年人从事适度规模经营，壮大了集体经济；有些老年人从事种植、养殖业；有些老年人带头学习科学技术，成为种植、养殖专业户。在农村，老年人在推广科技知识、发展农村商品经济、提供农业社会化服务方面发挥着重要的作用。

（5）兴办公益事业。在劳动力过剩的情况下，老年人再就业的机会受到各种因素的限制，而志愿服务者等社会公益内容则十分丰富，给老年人留下了发挥自身价值的广阔空间，如参与环境保护、社区服务、防灾赈灾、义诊支教、科普宣传、维护社会治安、指导开展社会文体活动、指导青年成长、宣传党和国家方针政策等。参加这些社会公益活动特别需要时间、知识、技能、经验和耐心等，这些恰恰是老年人的优势所在。

（6）参与维护社会治安，协助调解民间纠纷。老年人参与维护社会治安主要是指协助公安机关，参加社区范围内的群众性治安保卫活动，如居民委员会、村民委员会、工厂、学校等的治安保卫工作，以及参加社区内组建的治安联防组织，对群众进行宣传教育，参与维护公共秩序、公共交通、公共安全，防盗、防火、防止可能发生的其他灾害事故等。

（7）参加其他社会活动，如从事文体娱乐活动。老年人是文化体育娱乐活动的主体之一，积极开展适合老年人的群众性文化、体育、娱乐活动，让老年人置身于集体之中，能够消除孤寂、愉悦身心，改变老年人的精神面貌，给家庭带来欢乐，给国家和社会减轻负担，有利于老年人健康长寿，安度晚年。

【自学自测】

一、填空题

1. 在城镇，各级政府根据经济、社会和科技发展需要，引导老年人参与_____、_____、_____以及_____等活动。

2.《老年人权益保障法》第六十六条规定："国家和社会应当重视、珍惜老年人的_____、_____、_____和_____，发挥老年人的专长和作用，保障老年人参与经济、政治、文化和社会生活。"

3.《老年人权益保障法》第七十条规定："老年人参加劳动的合法收入受法律保护。任何单位和个人不得安排老年人_____。"

二、简答题

1. 老年人参与社会发展有何意义？
2. 老年人参与社会发展的类型有哪些？

任务二 协助老年人享受社会优待

情境导入

李爷爷现年已经96岁了，农村户口，膝下无子，育有一女，现由其外孙扶养。在这种情况下，李爷爷想知道自己能享受什么样的优待政策。

【知识学习】

社会优待是指按照国家的政策规定，对优抚对象从政治上、经济上给予的优厚待遇。优待有广义和狭义之分。广义的优待是指国家、社会、群众对服现役的义务兵家属和抚恤补助对象给予优待金，以及在医疗、交通、住房、就业、入学、入托、生活困难补助、救济等方面提供的优惠待遇；狭义的优待是指对义务兵家属和抚恤补助对象发给的优待金。

老年人优待是指政府和社会在做好公民社会保障和基本公共服务的基础上，在衣、食、住、用、行、娱等方面,积极为老年人提供各种形式的经济补贴、优先优惠和便利服务。《老年人权益保障法》第五十三条规定:"县级以上人民政府及其有关部门根据经济社会发展情况和老年人的特殊需要,制定优待老年人的办法,逐步提高优待水平。对常住在本行政区域内的外埠老年人给予同等优待。"

一、老年人优待的方式

老年人优待可以采用多种方式,归纳起来有三种表现形式,即经济补贴、照顾和优先、优惠服务。

(一)经济补贴

给予老年人经济补贴是指通过发放现金或实物等方式为老年人提供经济支持。这也是很多地方人民政府在提供老年优待过程中采取的方式。

(二)照顾和优先

所谓照顾和优先,是指考虑到老年群体的特殊身体条件,为老年人提供有效的生活照料,以及在某些公共场合给予老年人优先待遇。

(三)优惠服务

优惠服务是指为老年人提供某些服务项目,但是在服务费用上给予减免。这些优惠服务一般限于老年人有迫切需要的项目,如护理服务、医疗保健服务等。

二、老年人优待的具体内容

(一)养老优待

提供养老优待,旨在努力减轻老年人的经济负担,改善其养老条件。具体而言,可包括以下优待内容:

(1)贫困老年人要按规定纳入城乡社会救助体系。各地在制定特殊困难群体救助政策和办法时,要对贫困老年人给予重点照顾。

(2)老年人不承担各种社会集资。农村老年人不承担兴办公益事业筹劳任务。

(3)有条件的地方,可对百岁或高龄老年人发放生活补贴。

(4)城乡贫困家庭老年人去世,享受丧葬殡仪服务费用减免。

（二）医疗保健优待

提供医疗保健优待，努力减轻老年人的医疗费用负担，方便老年人享受医疗保健服务。《老年人权益保障法》第五十七条规定："医疗机构应当为老年人就医提供方便，对老年人就医予以优先。有条件的地方，可以为老年人设立家庭病床，开展巡回医疗、护理、康复、免费体检等服务。"

医疗保健优待包括以下内容：

（1）城市无劳动能力、无生活来源、无法定赡养人和扶养人的"三无"老人、农村"五保"老人和城乡贫困老人要按规定纳入医疗救助范围。

（2）农村"五保"老人和贫困老人参加新型农村合作医疗制度，符合救助条件的，可按规定帮助其缴纳个人应负担的全部或部分资金。鼓励各地在开展新型农村合作医疗工作中，结合本地实际，对农村 70 岁及以上老年人给予适当的政策优惠。

（3）医疗机构应为老年人就医提供照顾和优先、优惠服务。提倡各地医疗机构减免老年人普通门诊挂号费和贫困老年人家庭病床出诊费。卫生部门应根据各地的实际情况，组织医护人员为本地百岁及以上老年人每年至少提供一次免费体检。

（三）生活服务优待

提供生活服务优待，采取多种措施，在日常生活服务上为老年人提供优先、优惠服务，具体如下：

（1）商业饮食、社区居民服务等与老年人生活关系密切的各类服务性行业及企事业单位，应根据行业特点和单位情况积极为老年人提供照顾和优先、优惠服务。

（2）城市公共交通、长途客运、铁路、水路和航空客运应为老年人提供优先服务，照顾老年人的特殊需求。城市公共交通应为老年人提供票价优惠，并设立"老幼病残孕"专座。

（3）严格执行《无障碍设计规范》（GB 50T63—2012）和《老年人照料设施建筑设计标准》（JGT 450—2018），重点做好城市道路、车站、机场、商场、公交站点、住宅区和其他公共建筑的无障碍设施建设，为老年人居住和出行创造无障碍环境。

（4）老年人在其产权或承租住房拆迁安置中享受优先选择楼层的待遇。贫困老年人优先纳入廉租房保障范围。

（5）老年人免费使用收费公厕。

（四）文体休闲优待

提供文体休闲优待，努力丰富老年人的精神文化生活，具体如下：

（1）国家财政支持的各级各类博物馆（院）、美术馆、科技馆、纪念馆、烈士纪念建筑物、名人故居、公共图书馆、文化馆（站、宫，含工人

文化宫）等公益性文化设施要向老年人免费或优惠开放。

（2）公园、园林、旅游景点应积极为老年人提供门票减免服务，并提倡对外埠老年人实行同等优待。各地公园、园林、旅游景点等公共场所可在重阳节或当地"老人节"当日对老年人实行免费开放，具体办法由地方政府制定。

（3）提倡公共体育场馆、设施为老年人健身活动提供方便和优惠服务，在淡季可为老年文艺团体优惠提供场地。

（4）影剧院应积极为老年人实行票价优惠，在淡季可为老年文艺团体优惠提供演出场地。

（5）贫困老年人进入老年大学（学校）学习，可以享受学费减免待遇。

（五）维权服务优待

提供维权服务优待，让老年人享受及时、便利、优质、高效的法律服务、法律援助和司法救助，具体如下：

（1）对城市"三无"老人、农村"五保"老人和城乡贫困老人提出的法律援助申请，要简化程序、优先受理、优先审核和指派。各地可根据本行政区域的经济发展水平及财力状况，对老年人申请法律援助的经济困难标准和受案范围适当放宽。

（2）老年人因其合法权益受到侵害提起诉讼交纳诉讼费确有困难的，可以申请司法救助，缓交、减交或者免交有关收费。老年人因赡养费、扶养费、养老金、退休金、抚恤金、医疗费等纠纷提起的诉讼案件，要予以优先立案、优先审理、优先执行。因情况紧急需要先予执行的，应裁定先予执行。

（3）律师事务所、公证处、基层法律服务所和其他社会法律服务机构，应积极为老年人提供减免费法律咨询和有关服务。老年人需要获得律师帮助，但无力支付律师费用的，可以组织获得法律援助。

（六）营造社会环境

积极营造有利于老年人优待工作实施的社会环境，尊重、关爱和照顾老年人，保障他们的合法权益是全社会的共同责任。各行各业、企业或事业单位、社会团体和公民都应当履行为老年人提供优待的职责和义务，积极为老年人提供更多的优待服务。各级宣传部门、司法行政部门、涉老优待职能部门及社会各有关方面，要加强尊老与敬老的思想教育、道德宣传和维护老年人合法权益的法制教育活动，大力营造关心、支持和参与老年人优待工作的社会氛围，增强社会成员依法维护老年人权益的自觉性，提高老年人自我维权的意识和能力，共同推动优待工作的落实。

【自学自测】

一、填空题

1. 社会优待是指按照规定_____，对优抚对象_____、_____给予的优厚待遇。优待有广义和狭义之分。广义的优待是指国家、社会、群众对服现役的义务兵家属和抚恤补助对象给予优待金，以及在_____、_____、_____、_____、_____、_____、_____等方面提供的优惠待遇；狭义的优待是指对义务兵家属和抚恤补助对象发给的优待金。

2. 老年人优待是指政府和社会在做好公民_____和_____的基础上，在_____、_____、_____、_____、_____等方面，积极为老年人提供各种形式的_____、_____和_____。

二、简答题

老年人优待的具体内容是什么？

【实训演练】

一、实训步骤

（1）完成实训资料及案例的学习，整合教材、网络、调研等相关知识。

（2）本项目包含3个实训任务，请依次完成。

（3）实训过程中可采用线上线下混合学习的方式，学生以小组为单位合作完成。

（4）请将每项实训任务的成果整理到相关表格中。

（5）本项目最终成果完成拓展任务，以小组为单位，组织老年人参与社会活动，利用所学知识对身边的老年人宣讲我国社会优待政策，通过视频记录的方式反馈老年人所学所感。

二、实训资料

国外老年人再就业情况

据报道，预计到2030年，全球65岁以上人口将达到10亿，人类历史上首次遭遇老年人超过17岁以下人口的局面。当世界又老又穷时，老年人再就业将在多国成为潮流。

1. 德国

德国退休老人青睐"迷你工作"，工作时间少而灵活，收入不超过每月450欧元。德国几乎所有行业都有"迷你工作"，但最多的要数餐饮、零售、家政等低技术的行业。德国高端技术的退休人员还流行去国外发挥余热。他们有的通过私营中介到外国赚高薪，有的则到国外无偿帮助发展中国家。对于这些专家来说，他们可以借此开阔眼界，并让自己保持年轻的心态。德国联邦人口研究所的报告显示，未来德国退休年龄很可能提高到70岁，越来越多退休人员将继续工作。目前，男性退休人员再就业已达16%左右，女性退休人员再就业则不到9%。

2. 日本

在日本，79.3%的企业将退休年龄定为60岁，16.4%的企业定为65岁，还有少数企业没有退休制度，72.2%的企业设有再雇用制度。日本政府对老人创业积极支持。对55岁以上的创业人员政府允许其融资7 200万日元；东京对于55岁以上人员的创业给予优惠措施，贷款金额在1 500万日元以内，利息为1%以下。日本有不少专门面向50岁以上求职者的网站，企业也愿意聘用高龄者。自2012年以来，日本劳动年龄人口减少了470万，但就业的劳动人口却激增440万，新增的劳动力主要来源之一就是老年人。

3. 韩国

在韩国，65岁以上老年人口占总人口的14.9%，已进入老龄化社会。正在工作的老年人至少有200万人，这意味着很多韩国老年人正面临着就业难和失业的困扰。以2018年7月统计数据为准，韩国65岁以上的出租车司机共7.28万名，占总人数的27.1%。2018年，韩国65岁以上老年人贫困率高达42.2%。韩国各地政府设立支援老人参与社会活动的相关部门，组织"银发招聘会"等推动老年人就业。从2020年起，韩国向聘用60岁以上老人的企业发放补助金，要求企业雇用员工至65岁。

4. 巴西

根据世界银行此前的报告，2020年巴西的劳动力人口停止增长，老年人和儿童的数量增加，到2030年巴西儿童和老年人的数量或比劳动力人口更多。2019年10月下旬，巴西参议院正式批准养老金改革法案，法案核心内容是男性最低退休年龄延长至65岁，女性最低退休年龄延长至62岁。巴西应用经济研究院之前发布的报告称，60岁以上老年人可以重新找到工作的比例由28%降到23%。巴西地理统计研究院称，只有26%的老人有正式的合同。

三、实训案例

案例：褚橙，因褚时健以75岁高龄种橙创业感动中国而享誉天下。而今，另一位80岁高龄的老人也开始了他的农产品创业之路，不同的是，他做的是沙棘。陈虞，1939年生，1965年北京石油学院（现中国石油大学）毕业被分配至兰州炼油厂工作，1967年被抽调参与燕山石化筹建，后被派驻深圳开拓市场并主持工作直至光荣退休。退休后陈老安居深圳，理当颐养天年，但当听说甘肃高原圣果沙棘开发公司（公司前身）因经营困难拟进行体制转换，计划引入民资实现国有退出时，老人怦然心动。因为最初的工作经历让陈老一直对甘肃心怀眷恋，加之对沙棘的熟识了解，促使他在80高龄之际毅然决定回到甘肃，投资沙棘！80岁高龄再创业，不禁让人想起那首歌：最美不过夕阳红，温馨又从容。

四、实训任务

实训1：小组合作完成任务—情境导入案例任务。

情境导入案例任务	
问题	内容
分析阿华所在社区老年人状况	
制订恰当的服务计划	

实训2：小组合作完成任务二情境导入案例任务。

情境导入案例任务	
问题	内容
分析李爷爷的实际情况	
协助李爷爷了解自己能享受的社会优待	
根据所学知识和收集的资料，你认为还可以增加哪些老年人优待政策？	

实训3：小组合作完成实训案例1任务。

实训案例1任务	
问题	内容
创业成功的原因：褚时健、陈虞创业成功的原因是什么？	
你认为老年人该如何融入社会？	

项目四　老年人社会优待

【拓展延伸】

任务1：小组合作组织社区老年人参与社会活动。

组织老年人参与社会活动记录	
项目	内容
老年人身体情况、心理情况分析	
活动的目的及意义	
活动类型及实施	
活动注意事项	
活动总结	

任务2：小组合作利用所学知识对身边的老年人进行我国社会优待政策宣讲，通过视频记录的方式反馈老年人所学、所感。

项目五 居家、社区、机构养老服务与管理

【学习导语】

　　长期以来，党和政府高度重视养老服务事业，我国养老服务体系建设取得了重要进展，以居家为基础、社区为依托、机构充分发展、医养有机结合的多层次养老服务体系建设目标逐渐清晰，养老服务政策支持体系初步形成，养老机构标准化建设取得显著成效，长期护理保险制度试点有序推进。党的十九届四中全会《中共中央关于坚持和完善中国特色社会主义制度　推进国家治理体系和治理能力现代化若干重大问题的决定》提出"加快建设居家社区机构相协调、医养康养相结合的养老服务体系"，为协调推进我国养老服务体系建设指明了方向。

　　本项目学习旨在通过了解当前我国养老服务体系中居家、社区、机构养老服务的背景、发展趋势、模式及内容，学习在服务过程中所涉及的政策法规，培养学生为老年人依法服务的意识。

【学习目标】

知识目标：

1. 了解居家养老服务有关的国家政策文件。
2. 掌握居家养老服务的概念及服务内容。
3. 了解社区养老服务有关的国家政策文件。
4. 掌握社区养老服务的概念及服务内容。
5. 了解养老机构运营管理相关的法律法规。
6. 熟悉养老机构养老服务内容。

能力目标：

1. 能够讲解我国居家养老服务的内容及发展现状。
2. 能够掌握社区老年人日间照料中心服务的基本要求、社区老年人日间照料中心设施设备配置等国家标准的内容，领会其内涵，并熟练应用。
3. 掌握养老机构安全管理事项、安全保障工作流程，并应用。

素质目标：

1. 培养爱老、敬老、帮老、助老的良好美德。
2. 树立为老年人服务的意识。

项目五 居家、社区、机构养老服务与管理

【思维导图】

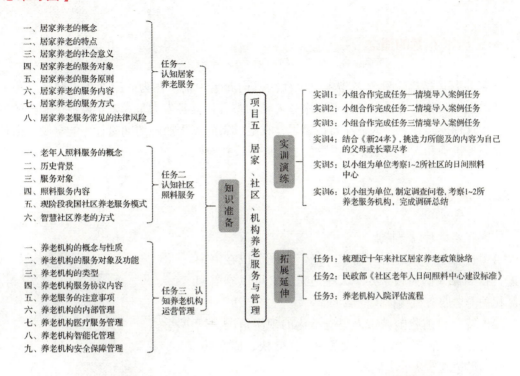

任务一 认知居家养老服务

情境导入

空巢老人李婆婆，现年83岁，身体患有高血压等老年常见病，眼睛曾患黄斑病，听力尚好，动作利索，居住在社区的一栋居民楼7楼。李婆婆有一子一女，女儿已于5年前去世，儿子小杨常年在美国生活和工作，每年仅国庆期间回来照看母亲，平常与母亲主要以电话联系。在过去2年里，李婆婆曾经接受过居家养老服务，有专门照顾人员为其提供居家清洁、洗澡擦身等服务；同时，儿子小杨也曾请了一名王阿姨上门照顾李婆婆，照顾的内容也包括居家清洁等，并通过前来探望李婆婆的远房亲戚了解两者的服务情况。

居家养老服务人员在与王阿姨偶尔见面的互动中得知，双方的待遇等存在差异，对此有不平衡情绪；在照顾过程中，居家养老服务人员表示李婆婆有打人的行为，并常常要求服务人员探出身子擦窗户，高空作业非常危险，以致居家养老服务部停止了对李婆婆的照顾服务。这个变化让儿子小杨紧张了起来，尤其在今年李婆婆曾在家中跌倒，被邻居发现并联系居委会送去医院，更增加了儿子小杨的担忧。

今年国庆期间儿子小杨回来探望母亲，要求居家养老服务部重新为李婆婆提供服务。

【知识学习】

一、居家养老的概念

居家养老是指以家庭养老为主，以社区机构养老为辅，在为居家老年人照料服务方面，又以上门服务为主，以到托老所服务为辅的整合社会各方力量为老年人提供服务的养老模式。这种模式让老年人住在自己家里，在继续得到家人照顾的同时，还能享受到由社区有关服务机构和人士为老年人提供的上门服务或托老服务。

二、居家养老的特点

居家养老具有以下特点：

（1）符合老年人的心理需求。老年人既可以在家中养老，得到家人的照顾，共享天伦之乐，又可以享受到社区相关养老服务机构提供的服务。

（2）符合目前我国城市人口老龄化的现实情况。居家养老与养老机构养老相比，投资少、见效快、成本低，可以较为迅速地解决养老问题。

三、居家养老的社会意义

全面推进居家养老服务具有以下社会意义：

（1）全面推进居家养老服务，是破解我国日趋尖锐的养老服务难题，切实提高广大老年人生命、生活质量的重要出路。

（2）全面推进居家养老服务，是弘扬中华民族尊老、敬老优良传统，尊重老年人情感和心理需求的人性化选择。

（3）全面推进居家养老服务，是促进家庭和谐、社区和谐和代际和谐，推动和谐社会建设的重要举措。

（4）全面推进居家养老服务，是加快发展服务业、扩大就业渠道和促进经济增长的重要途径。

四、居家养老的服务对象

居家养老的服务对象是指居住在家庭的60周岁及以上的老年人，重点是生活自理能力丧失或部分丧失，无子女或子女无法实施有效照护的老年人，如高龄、独居、空巢、失能、失智、失独的老年人。目前各地人民政府重点帮扶的居家养老服务对象是指有明确的服务时间、服务项目和服务质量等要求的服务对象，包括享受政府购买居家养老服务的老年人和机构按照服务协议提供居家养老服务的老年人。

五、居家养老的服务原则

发展居家养老服务必须坚持以下几项原则：

（1）以人为本。从老年人实际需求出发，为老年人提供方便、快捷、高质量、人性化的服务。

（2）依托社区。在社区层面普遍建立居家养老服务机构、场所和服务队伍，整合社会资源，调动各方面的积极性，共同营造老年人居家养老服务的社会环境。

（3）因地制宜。紧密结合当地实际，与本地经济社会发展水平相适应，与社区人文环境和老年人的需求相适应，循序渐进，稳步推开，坚持社会化方向，采取多种形式，充分调动社会各方面力量参与和支持社区养老服务。

六、居家养老的服务内容

一般来说，凡是老年人的需求都应成为居家养老的服务内容，主要包括生活照料、医疗、心理慰藉、法律维权和文化娱乐等服务。对于老年人而言，居家养老需求体现为以下三点：一是物质生活方面的需求，如衣食住行用；二是精神文化需求，如文化娱乐、保健、医疗卫生等；三是情感和心理慰藉方面的需求，如心灵沟通，老年人有为社会发挥余热来实现自身价值的要求，这也是老年人心理慰藉的重要方式。

因此，居家养老主要为居家的老年人提供如下服务：

（1）生活照料服务，包括助餐、个人卫生护理、起居护理、家政服务、代办等。

（2）医疗服务，包括疾病防治、康复辅助、医疗护理、心理卫生、健康教育、建立健康档案和开设家庭病床等。

（3）心理慰藉服务，包括沟通、情绪疏导、心理咨询、危机干预等。

（4）法律维权服务，包括法律咨询、法律援助及维护老年人赡养、财产和婚姻等合法权利。

（5）文化娱乐服务，包括知识讲座、书法绘画、图书阅览、娱乐文体活动等。

七、居家养老的服务方式

目前，我国居家养老的服务方式包括无偿服务、低偿服务和有偿服务三种类型。

（一）无偿服务

无偿服务分为以下两种：

（1）"政府买单"，即由政府出资，由服务机构落实家庭服务员上门为老人服务，其服务对象为经过民政部门认定,需进行帮扶的困难老年人或高龄老年人,如90岁以上高龄的老年人、重度失能失智老年人、享受低保的老年人、计生困难家庭老年人、"三无"老年人、社会孤老等。

(2)公益组织对社区居家老年人提供的公益性无偿服务或爱心企业对居家老年人提供的无偿关爱服务。

(二)低偿服务

低偿服务是指服务机构主要向高龄老人、特殊老年群体提供一些基本生活保障的服务,在得到政府或社区的部分补贴和支持下,以低于市场的价格向老年人提供服务的方式。

(三)有偿服务

有偿服务是有经济能力的老年人根据需求向服务机构以自费的形式购买服务。

八、居家养老服务常见的法律风险

(一)居家养老上门服务的风险因素

居家养老上门服务的风险因素表现在以下三个方面:

(1)人为因素。人为因素包括老人本身的身体状况变化、家庭成员的干预和不理解、医护人员的怠慢和失误。

(2)设施设备和环境因素。比如老人家中没有相应的适老化设施,随着年龄增长、身体衰落,老人容易摔伤等,如果这些情况恰好出现在上门服务期间,家属容易归责给服务人员。

(3)管理因素。管理因素包括法律合同、操作规范、紧急情况应对以及风险意识教育。

(二)居家养老服务中常见的几类法律风险

1. 精神文化服务与家政服务中的法律风险

精神文化服务与家政服务是被老人高度关注的养老服务内容。从现实情况来看,社区居家养老服务机构一般都会提供专门的场所供老年人进行休闲娱乐。老年人可以在活动中心参与打牌、下棋、读书看报、文艺表演等精神文化活动,以丰富老年生活,但活动中有一些潜在的法律风险。

例如,养老服务机构在建筑的设计和布局上不符合建筑规范,或者活动场所配套硬件设施的不完善,或者养老服务机构的服务人员在参与文化娱乐活动的过程中实施了不当的职务行为,导致老年人在活动场所参加活动时受到了人身或财产的损害,养老服务机构对于老年人受到的损害将承担民事赔偿责任。

又如，养老服务机构可能与第三方合作开展活动，如果在此期间第三方穿插虚假商业广告宣传导致老年人上当受骗，则养老服务机构将可能面临行政处罚甚至承担刑事责任。

在进行家政服务的过程中，如果第三方派遣的工作人员实施了盗窃、抢夺等刑事犯罪，除了相关工作人员应当承担刑事责任外，第三方还要承担民事赔偿责任，第三方在赔偿后可向该犯罪人员追偿。

另外，家政服务人员也可能受到人身损害。在调研过程中我们了解到，存在个别老年人骚扰家政服务人员的情况，但由于举证困难，受到骚扰的家政服务人员往往只能选择不了了之，其合法权益无法得到妥善保障。

2. 协议中的法律风险

居家和社区养老服务运营模式中至少存在三类协议，协议的内容是各方履行责任和主张权利的依据，也是发生纠纷时进行裁断的基础。一些机构对合同拟制缺乏研究，合同条款缺乏可操作性，使得当事人可能出现重大误解、显失公平、欺诈等情形；对于服务过程中会发生的法律风险以及法律责任的分担也未做出合法且明确的说明，从而在协议履行过程中留下本可避免的法律隐患。

协议的当事人可能隐瞒自身真实情况或利用自身优势地位，直接或间接造成另一方当事人财产、人身损失。这在老年人与养老服务机构的协议中表现得尤为突出。

例如，老年人及其家属隐瞒老年人患有精神病、某些传染病等事实，使得服务机构在不知情的情况下为老年人提供不适合该老年人或可能间接损害老年人的养老服务。

又如，提供"医养结合"服务的机构与老年人及其家属签订养老服务协议时，未对"医"与"养"费用进行分离并予以明确说明，使得双方当事人在服务过程中因费用产生争议。

再如，作为协议一方主体的老年人，往往由于身体机能衰退导致判断力下降，在协议过程中不能很好地警惕协议内容中存在的风险。特别是随着互联网技术的普及，老年人通过线上平台与养老服务机构达成服务协议时，可能会出现错误操作，由此带来纠纷。

第三方单位或个人与养老服务机构之间的协议也普遍存在法律风险及责任约定不明的情况，双方可能对不法侵害发生后的民事赔偿责任相互推诿，从而导致老年人求偿受阻。

3. 助餐服务中的法律风险

在助餐服务中，老年人可能因第三方提供不符合食品安全标准的食品而受到损害，此时老年人可依据《中华人民共和国食品安全法》第一百四十八条规定，要求养老服务机构或供餐的第三方承担民事赔偿责任与惩罚性赔偿责任。但是，目前尚未有针对老年人的生理、心理特征设计的食品安全标准出台，而面向普通食品消费者的安全标准难以周全地保护作为特殊弱势群体的老年人。

4. 医疗服务中的法律风险

在"医养结合"的背景下，服务机构聘请的工作人员将同时为老年人提供医疗服务与养老服务，由此可能带来医疗事故责任分担的混乱，造成相关法律责任在不同主体间的不合理转嫁。

(三)居家养老上门服务风险防范要点

1. 上门服务人员专业培训

居家护理机构须对上门服务人员开展专业培训,如图 5-1 所示,包括服务流程培训、操作技术培训、持续再教育、风险意识教育、应急处理等。培训是不断滚动的循环过程,通过培训可以强化上门服务人员的记忆和临场反应。

图 5-1 上门服务人员开展专业培训

2. 开展专业评估

开始服务前要对老人身体状况进行专业评估,并持续跟踪。老年人身体状况评估室如图 5-2 所示。身体状况评估作用有三个:①婉拒高风险客户;②了解老人状况并制订有针对性的服务计划;③据评估结果告知家属风险,并签订免责协议。

图 5-2 老年人身体状况评估室

3. 制定规范操作手册

例如,中医类服务手册、护理类服务手册、康复类上门手册,悉数包括相关专业知识和应急预案流程,以便服务人员在遇到突发问题时可查阅、了解并依规操作。此外,居家护理机构可建立一个紧急联络表,注明出现问题时应找的第一责任人、上报人等信息,以便机构服务人员及时上报处理,快速、有效地应对紧急事件。

4. 建立内部风险防范信息分享机制

每一个机构服务人员在服务过程中都可能遭遇风险问题,但处理的方式或许不一样,即使有一个统一的操作手册可供参考,但在实际操作过程中仍会有所不同。针对这样的情况,当风险事件出现后,可组织机构服务人员共同讨论当事护理员的处理方式是不是合适,大家相互学习,取长补短,概括总结,在实践中不断积累防范风险的经验。

5. 购买保险

购买保险包括给机构服务人员购买意外险和主要针对客户的第三方责任险。这样可大大降低上门护理的风险,也能增强机构服务人员以及客户内心的安全感,从而进一步促进居家护理机构养老服务事业的发展。

【自学自测】

一、填空题

1. 居家养老是指以_____为主,以_____为辅,在为居家老年人照料服务方面,又以_____服务为主,以_____服务为辅的整合社会各方力量为老年人提供服务的养老模式。

2. 居家养老的服务对象是指居住在家庭的_____及以上老年人,重点是_____或_____,_____或_____老年人,如高龄、独居、空巢、失能、失智、失独的老年人。

二、简答题

1. 简述居家养老的服务内容。
2. 简述居家养老的服务方式。
3. 简述上门居家养老服务风险防范要点。

任务二 认知社区照料服务

年过七旬的耿某被子女送到他家附近的一家社区日间照料中心,白天老人在社区日间照料中心有人照顾,子女也很安心,但是,28天后老人突然从中心走失。日间照料中心和耿某的四个子女到处寻找,但是,两年多过去了,耿某仍旧没有任何音讯。

耿氏兄妹将日间照料中心主管单位告上了法庭,要求被告赔偿精神损失费8万元,并承担为寻找老人支出的相关费用。日间照料中心认为耿某当天情绪等各方面都很正常,如果没有其他原因,老人即便出走,也应自己回来,因此怀疑老人是否患有记忆方面的疾病。但因日间照料中心在接收老人时没有做过体检,没有任何依据。

【知识学习】

一、老年人照料服务的概念

老年人照料服务是一种介于专业机构照料和家庭照料之间的养老新形式。对于社会众多独居、"空巢老人"来说,由于退休金不高,加之老人恋家思友的街坊情结,他们宁肯"独守空房",也不愿意去养老院。对于一些子女工作繁忙,白天没有时间照顾老人的家庭来说,"日间托老"也不失为一种"两全"的养老服务方式。社区老年人日间照料服务的建立不仅为国家和政府减轻了压力,也使老年人切身受益,为社区养老事业搭建了新的平台,为社区构建和谐社会做出了贡献。

二、历史背景

第七次全国人口普查显示(2020年开展的全国人口普查),我国60岁及以上人口有2.6亿,比重达到18.70%,其中65岁及以上人口比重达到13.50%,老龄化进程明显加快。2010—2020年,60岁及以上人口比重上升了5.44个百分点,与上一个10年相比,上升幅度提高了2.51个百分点。人口老龄化是当今社会发展的重要趋势,也是今后较长一段时期我国的基本国情。

第七次全国人口普查31个省(自治区、直辖市)老龄化程度排名(60岁以上人口占比)如图5-3所示。(数据来源:国家统计局)

随着老年人口的激增,社会对老年人的赡养压力进一步加大,特别是我国从20世纪70年代后期开始实行计划生育政策,这一代独生子女目前已陆续进入婚育年龄,出现"四二一"的家庭模式,即四个老人、一对夫妻、一个孩子。也就是说,一对夫妻要同时赡养四个老人、照顾一个孩子。随着社会生活品质的不断改善,平均寿命的延长,甚至还将由于子女工作繁忙、无儿无女等,越来越多的老人不得不独守"空巢"。据了解,"空巢老人"目前在全国至少达2360多万人。包括"空巢老人"在内的养老问题已成为一个严峻的社会问题。

可见,近年来我国已进入"未富先老"阶段,国民经济和社会发展将面临前所未有的挑战,以福利性为主的养老机构和由子女供养的养老服务模式已远远不能满足不断增长的老年人口的需要。在这种特殊的新形势下,社区养老的服务应运而生,这也是社区养老的一种新尝试。

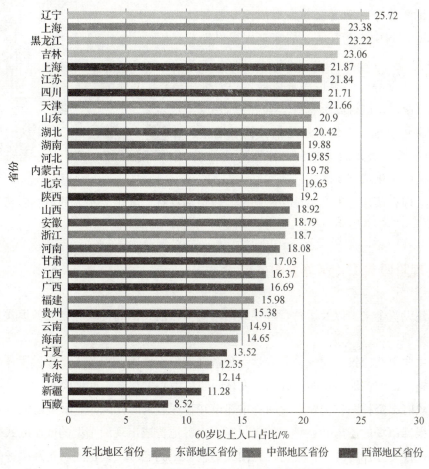

图 5-3　第七次全国人口普查 31 个省老龄化程度排名

三、服务对象

社区老年人日间照料服务对象是高龄老年人和非自理老年人。这部分老年人各种疾病增多，生活不能自理，与子女的沟通也越来越少，常常会产生孤独寂寞感。老年人不愿离开社区，不愿离开邻里，不愿远离儿女的生活习性。有条件的社区，通过设立日间照料服务室，为老年人提供托管照顾、午休餐饮、康复娱乐等日间照料服务，为孤单的"空巢老人"送去一片温馨，也为忙于工作、无暇照料老人的工薪族解决了后顾之忧。

四、照料服务内容

社区老年人日间照料服务有以下六项功能：
（1）日间照料。日间照料包括日间托养、专业照顾。
（2）呼叫服务。呼叫服务是指通过网络电话为有需求的老人提供专业服务。

（3）助餐服务。助餐服务是指依托专业餐饮机构或养老照料中心为托养、居家老人提供助餐服务。

（4）健康指导。健康指导是指为老年人提供医疗、健康服务，进行健康监测，建立健康档案。

（5）文化娱乐。文化娱乐是指为社区老年人提供活动场所，搭建活动平台，开展文化活动，丰富老年人的文化精神生活。

（6）心理慰藉。心理慰藉是指陪同聊天，情绪安抚，满足老年人的情感慰藉和心灵交流需求。

五、现阶段我国社区养老服务模式

根据建设资金来源以及运营管理模式的不同，目前我国的社区养老服务模式主要分为以下三种类型：

（1）主要由政府投资建设，设置社会公益性岗位，并聘请相关人员提供服务的社区养老服务设施。目前各地兴建的社区老年人日间照料中心大都属于这种模式。

（2）政府出资补贴，主要由民间资本建设并管理运营的社区养老服务设施。

（3）根据市场的需求和老年人的支付能力，各地普遍出现的小型的或家庭式养老服务机构，是一种开办在社区，主要为社区内或邻近社区的老年人提供照料护理服务的一种社区养老服务模式。

六、智慧社区养老的方式

智慧养老服务平台通过为社区的居家老人配备终端远程监测设备，采集并整合老年人位置、安全、健康等相关信息，通过专业的健康与医疗服务机构、康复中心、家政服务、生活服务、急救服务，将个人、家庭与服务商有机连接起来。

智慧养老平台和体系简略图如图5-4所示。

【自学自测】

一、填空题

1. 老年人照料服务是一种介于_____和_____之间的养老新形式。
2. 社区老年人日间照料服务对象是_____和_____。

二、简答题

1. 简述社区老年人日间照料养老的服务内容。

2. 简述社区老年人日间照料服务人六项功能。
3. 简述现阶段我国社区养老服务模式。

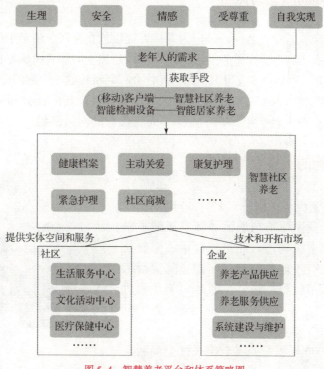

图5-4 智慧养老平台和体系简略图

任务三 认知养老机构运营管理

情境导入

70岁的刘某因智力障碍痴呆，缺乏判断是非和自我保护的能力。子女为使其生活更有保障、更有规律，于2010年1月，将其送至一家养老院托养。合同约定的服务范围包括照料其饮食起居等日常生活。次月9日中午，刘某要到屋外30米处上厕所，看电视正在兴头上的护理人员陆某让刘某自己去而未陪同搀扶。其间，刘某在上台阶时不慎摔倒，造成腰椎椎体粉碎性骨折，构成9级伤残，用去医疗费用38 000余元。之后，养老院以刘某摔倒是其自身行为所致为由拒绝赔偿。

【知识学习】

一、养老机构的概念与性质

养老机构是社会养老专有名词,是指为老年人提供饮食起居、清洁卫生、生活护理、健康管理和文体娱乐活动等综合性服务的机构。它可以是独立的法人机构,也可以是附属于医疗机构、企事业单位、社会团体或组织、综合性社会福利机构的一个部门或者分支机构。

我国养老服务机构的投资主体由原来的国家或集体逐步转向社会和市场,现在养老机构已经形成国办、企业、社会组织和个人等多元化参与的网络格局。

二、养老机构的服务对象及功能

一般来说,养老机构的服务对象为 60 周岁及以上的老年人。由于我国国情及地区经济发展的不平衡,有些地方的养老机构还有儿童、青年及部分社会流浪人员,因此有些地区儿童院和养老院实行统一管理,有些地区单位虽然独立,但是由于儿童对象的特殊性,将年满 18 周岁的残障青年转入养老机构抚养。

按照民政部 2000 年颁布的《老年人社会福利机构基本规范》,将入住养老机构的老年人分为如下三类:

(1)自理老年人,即日常生活行为完全自理,不依赖他人护理的老年人。

(2)介助老年人,即日常生活行为依赖扶手、拐杖、轮椅和升降等设施帮助的老年人。

(3)介护老年人,即日常生活行为依赖他人护理的老年人。

由于上述分类只是具有宏观指导性,不够细化,为便于实际操作,各地都出台了不同的养老护理分级标准。

三、养老机构的类型

(一)老年社会福利院

老年社会福利院多由国家出资兴建与管理,主要接纳"三无"老人、自理老人、介助老人、介护老人安度晚年。机构通常设有生活起居、文化娱乐、康复训练、医疗保健等服务设施。

(二)养老院或老人院

养老院或老人院是专为接待自理老人或综合接待自理老人、介助老人、介护老人安度晚年而设置的社会养老服务机构,设有生活起居、文化娱乐、康复训练、医疗保健等多项服务设施。

（三）老年公寓

老年公寓是专供生活能够自理的老年人集中居住，符合老年体能心态特征的公寓式老年住宅，具备餐饮、清洁卫生、文化娱乐、医疗保健等多项服务设施。

（四）护老院

护老院是专为接待介助老人安度晚年而设置的社会养老服务机构，设有生活起居、文化娱乐、康复训练、医疗保健等多项服务设施。

（五）护养院

护养院又称护理养老机构或护理院，是专为接收生活完全不能自理的介护老人安度晚年的社会养老服务机构，设有起居生活、文化娱乐、康复训练、医疗保健等多项服务设施。

（六）敬老院

敬老院是指在城市街道、农村乡镇、村组设置的供养"三无"老人、"五保"老人、残疾人员和接待社会寄养老人安度晚年的养老服务机构，设有生活起居、文化娱乐、康复训练、医疗保健等多项服务设施。

四、养老机构服务协议内容

（一）签订服务协议的要求

民政部发布的《养老机构管理办法》规定，养老机构为老年人提供服务，应当与接受服务的老年人或者其代理人签订服务协议。

服务协议应当载明下列事项：

（1）养老机构的名称、住所、法定代表人或者主要负责人、联系方式。
（2）老年人及其代理人和老年人指定的经常联系人的姓名、住址、身份证明、联系方式。
（3）服务内容和服务方式。
（4）收费标准以及费用支付方式。
（5）服务期限和地点。
（6）当事人的权利和义务。
（7）协议变更、解除与终止的条件。
（8）违约责任。
（9）意外伤害责任认定和争议解决方式。
（10）当事人协商一致的其他内容。

服务协议示范文本由国务院民政部门另行制定。在服务协议签订过程中，要对可能发生的意外伤害事件进行预防和告知，如老年人的自伤、自杀、突发疾病和猝死等意外事件的解决进行约定，同时明确告知老年人和亲属不得隐瞒老年人的身体状况，养老机构要对老年人的身体进行详细的评估。在实际操作中，也可以将约定的事项作为附属协议进行签订，一方面是对老年人尽到提醒和说明的义务，另一方面是一种自我防护。

养老机构服务协议范本如图 5-5 所示。

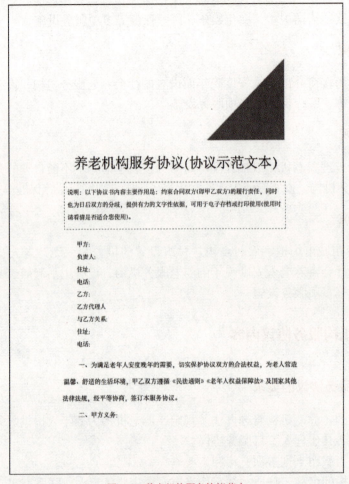

图 5-5　养老机构服务协议范本

《养老机构管理办法》对养老机构提供的服务内容做出了以下具体规定。

1. 照料服务

养老机构应当提供满足老年人日常生活需求的吃饭、穿衣、如厕、洗澡、室内外活动等服务。通俗地说，就是向入住养老机构的老年人提供吃、喝、拉、撒、睡等服务。

2. 护理服务

养老机构应当建立入院评估制度，实施分级分类服务，为老年人建立健康档案，组织定期体检，做好疾病预防工作。养老机构在老年人突发危重疾病时，应当及时通知代理人或者经常联系人并转送医疗机构救治，当发现老年人为疑似传染病病人或者精神障碍患者时，应当依照传染病防治、精神卫生等相关法律法规的规定处理。

3. 慰藉服务

养老机构应当根据需要为老年人提供情绪疏导、心理咨询、危机干预等精神慰藉服务。

4. 娱乐服务

养老机构应当开展适合老年人的文化、体育、娱乐活动，丰富老年人的精神文化生活。养老机构在开展文化、体育、娱乐活动时，应当为老年人提供必要的安全防护措施。

五、养老服务的注意事项

养老服务的注意事项如下：

（1）养老服务所提供的内容应与老年人入住时签订的协议书一致，按照确定的护理级别提供具体服务。

（2）在实际操作中，养老机构最好与入住老年人签订一年期协议，要对老年人的身体情况随时进行跟踪，如确有必要，及时以书面通知家属的形式告知要提高或降低护理级别。

（3）养老服务的质量标准和服务内容直接与养老机构的风险系数挂钩，因此养老机构在加强内部管理的同时，还要增强风险意识和自我保护意识。

六、养老机构的内部管理

（一）规章制度管理

养老机构实行制度化、规范化和民主化管理，做到按制度管人，按制度管事，对保证养老机构各项工作的正常运行和提高工作效率具有重要意义。养老机构应从实用性、服务性和可操作性的原则出发，以相关的国家政策法规和行业规范为基础，制定适合的养老机构自身运转的规章制度。例如，制定"入院老年人须知"时要以《老年人权益保障法》和《老年人社会福利机构基本规范》为基础；制定后勤保障管理制度，要参照《中华人民共和国消防法》和《中华人民共和国食品安全法》等法律，同时应遵守地方的法规和政策。

养老机构应当按照国家有关规定建立健全安全、消防、卫生、财务、档案管理等规章制度，制定服务标准和工作流程，并予以公开。具体包括工作制度、岗位职责、休养员服务和管理制度，如行政查房制度、工作人员守则、休养员守则等。

（二）人员配置管理

养老机构应当配备与服务和运营相适应的工作人员，并依法与其签订聘用合同或者劳动合同。养老机构中从事医疗、康复、社会工作等服务的专业技术人员，应当持有关部门颁发的专业技术等级证书上岗；养老护理人员应当接受专业技能培训，经考核合格后持证上岗。

（三）财务资产管理

养老机构财务管理直接影响养老机构管理的质量和效果，作为国办养老机构应当遵守《行政事业单位内部控制规范（试行）》《国库集中支付管理办法》《政府采购内部监督管理制度》等财务法规制度，按照财务管理原则，正确组织财务活动。养老机构的财务管理包括财务计划、财务制度、资金分配、周转、成本核算和财务监督等。

1. 预算管理

预算管理流程主要涉及业务部门、财务部门、单位领导和财政部门等,杜绝无预算、超预算支出问题,确保预算编报真实、完整、准确、及时。其中,单位领导班子是预算的决策机构,财务部门是编审机构,业务部门是执行机构。

2. 收支管理

(1)明确内部审批、审核、支付、核算和归档等支出各关键岗位的职责权限。

(2)实行国库集中支付的,应当严格按照我国财政国库管理制度有关规定执行。

(3)按照规定保管和使用印章和票据,财务部门要按照规定审核各类票据的真实性、合法性。

3. 资产管理

单位应当加强对实物资产和无形资产的管理,明确相关部门和岗位的职责权限,强化对配置、使用和处置等关键环节的管控。对资产实施归口管理,按照财政部印发的《行政事业单位国有资产管理信息系统管理规程》(财办〔2013〕52号)等相关规定,明确资产调剂、租借、对外投资、处置的程序、审批权限和责任,建立资产台账,加强实务管理,建立资产信息管理系统,定期对资产进行清查、盘点,按照规定处置资产。在养老机构的资产管理中,特别要做好以下几个方面的工作:

(1)收费标准公开。

根据《养老机构管理办法》第二十七条规定:"养老机构应当依照其等级类型、经营性质、运营方式、设施设备条件、管理水平、服务质量、照料护理等级等因素合理确定服务项目的收费标准,并遵守国家和地方政府价格管理有关规定。养老机构应当在醒目位置公示各类服务项目收费标准和收费依据,接受社会监督。"

(2)社会捐赠规范管理。

社会捐赠规范管理应符合《中华人民共和国公益事业捐赠法》相关规定,做到账实相符、账账相对。根据《养老机构管理办法》第三十三条的规定,养老机构应当按照国家有关规定接受、使用捐赠资助。鼓励养老机构为社会工作者、志愿者在机构内开展服务提供便利。

4. 合同管理

单位应加强对合同订立的管理,明确合同订立的范围和条件。财务部门应当根据合同履行情况办理价款结算和进行账务处理,实现合同归口管理、有效监控,建立合同纠纷协调机制。

七、养老机构医疗服务管理

医疗服务是养老机构重要的服务内容之一,目前国内不少养老机构都设有老年病医院或社区服务中心,这些都是经过当地卫生行政部门批准的医疗机构。这些医疗机构要坚持依法行医、规范服务、热情服务、随叫随到,严格按照临床诊疗规范开展临床诊疗工作,不准

超范围服务，并自觉地接受卫生行政部门的监督和审查。随着养老机构"养医结合"理念的推广，养老机构的医疗服务不仅包括日常的诊疗，还涵盖健康档案管理、慢性疾病管理、健康宣教、流感预防和紧急事件人道支援救助等。

八、养老机构智能化管理

在日趋严峻的人口老龄化形势背景下，养老服务事业面临着前所未有的发展机遇和挑战，养老机构引入信息化管理，其优势是提高办事效率、降低管理成本、实现透明化办公，主要目标是促进管理规范化、决策科学化、工作高效化和服务亲情化。养老机构实行信息化管理是实现智能化管理的基础，通过开发软件或购买软件提升管理水平，已成为行业发展趋势。

九、养老机构安全保障管理

养老机构安全保障管理涉及膳食管理、消防安全、生活护理、医疗卫生、健康管理和环境安全等方面。《养老机构管理办法》规定，养老机构应当实行24小时值班制，做好老年人安保工作；养老机构应当履行消防安全职责，健全消防安全管理制度，实行消防工作责任制；养老机构应当制定突发事件应急预案；养老机构应当建立老年人信息档案，加强民主管理，听取在院老年人的意见和建议。

（一）机构老年人伤害诱发因素

任何入住养老机构的老年人都有可能发生伤害事件，养老机构的内部管理是否到位，硬件设施是否完好，入住老年人自身的身体状况、心理素质是否健康，这些都关系到是否会发生意外事故。

1. 养老机构的原因

养老机构在管理上存在的问题往往会造成老年人意外伤害，主要包括居住条件设计不合理，造成老年人意外跌倒、锐器割刺、意外坠床等；护理不当，造成老年人身体损伤、病情加重等；饮食管理不善，造成老年人营养不良、食物中毒等；消防措施不到位，可能引发意外爆炸、火灾等事故，从而造成老年人身体伤害。养老机构造成老年人身体损害的原因一般不存在故意的情形，主要是养老机构安全意识薄弱或者是相应安全措施不到位等。

2. 养老护理人员的原因

目前，养老护理队伍的建设仍然处于初级阶段，相当多的从业人员学历低，文化水平和职业素质不高，接受技能培训少，甚至还有一些人没有相应的职业资格证书。这些都给养老护理工作带来了安全隐患，护理过程中的工作不规范、健康指导不正确等都可能对老年人的身体造成伤害。

3. 老年人自身的原因

进入老年阶段之后，老年人在生理上会表现出新陈代谢变缓、抵抗力下降、生理机能下降等特征；在心理上也会产生一系列的消极情绪，包括因退出就业领域可能产生的心理变化，退出社会生活主要领域人际关系淡化，进而产生孤独感，面对疾病和死亡产生的无奈和恐惧感等。与此同时，老年人还可能面临因经济收入减少而产生的生活困难，罹患老年疾病的概率增加而使身心遭受折磨等一系列问题。凡此种种，均有可能导致老年人出现误食误饮、意外事件、自杀自残或与身边人员产生各种矛盾纠纷等情况。

4. 来自社会外界的原因

养老机构处于社会环境之中，社会中的各种动态都会直接或者间接地影响老年人的生命健康。这些原因主要以输入性为主。例如，外部环境污染或传染病的传播导致老年人罹患疾病，闲杂人员闯入养老机构造成老年人伤亡，老年人家属在养老机构内对老年人进行虐待等均属于此类。

（二）法律责任分析

1. 养老机构有保障老年人人身安全的法定义务

根据2013年新修订的《中华人民共和国消费者权益保护法》，经营者应当保证其提供的服务符合保障人身安全的要求，经营场所的经营者应当对消费者尽到安全保障义务。由此可知，作为经营者的养老机构有义务保障所居住老年人的人身安全。养老机构如果在安全管理方面的缺失导致老年人的人身伤害，如机构内的食品安全问题、消防设施不合格问题、对特殊老年人（如失能、失智等）未采取必要护理措施以及安全管理措施不到位等造成老年人的人身伤害，都要承担相应的法律责任。

2. 非自身因素可以减轻养老机构的法律责任

根据《民法典》的规定，养老机构由于过错侵害老年人人身安全的，应当承担民事责任，但是受害人对于损害的发生也有过错的，可以减轻侵害人（养老机构）的民事责任。因此，老年人自身（如自杀）或者老年人亲属（如亲属对老年人实施虐待）等非养老机构自身原因造成老年人人身伤害的，养老机构就不一定需要承担全部法律责任，而可能仅仅需要承担因管理不善所带来的责任。

3. 养老机构的法律责任具有多样性

法律责任一般包括民事责任、刑事责任和行政责任。养老机构所承担的法律责任以民事责任为多，既可能是侵权责任，也可能是违约责任。如果养老护理人员虐待老年人情节严重，施害人将被追究刑事责任，但对养老机构的民事赔偿责任仍难以免除；如果是养老机构的安全管理问题（如消防通道不合格、违规使用药物等）造成老年人伤害，养老机构在承担相应民事责任的同时，还可能被相关行政部门予以行政处罚。

4. 诉讼中的伤害举证需要老年人承担

人民法院受理养老机构伤害事故纠纷主要适用的是《民法典》关于安全保障义务的规定。根据民事诉讼中"谁主张、谁举证"的举证规则，老年人及其家属提起人身损害赔偿诉讼时，需举证证明养老机构存在侵权行为或未尽保障义务，造成的侵权后果及损害结果与侵权事实之间存在因果关系等，否则需承担举证不利的诉讼后果。

5. 法律责任

养老机构违反消防、医疗卫生、食品卫生和老年人权益等相关规定的情形,将以《民法典》《老年人权益保障法》《中华人民共和国食品安全法》和《医疗机构管理条例》(国务院令第 149 号)等法律法规为依据,依法追究相应的法律责任,并对涉事的机构及其人员予以处罚;情节恶劣,构成虐待罪的,依照《刑法》的规定追究刑事责任。

(三)预防措施

1. 倡导敬老爱老,增加社会信任

通过政府、社会、媒体积极在全社会倡导尊老敬老,既要关心老年人,也要信任机构。充分认识养老机构的工作性质和工作难度,由于老年人体质的自然特征,养老机构人员在提高服务质量和完善服务规范的同时,不能做到绝对避免发生任何意外。作为家属要予以理解,平时也要多与老年人沟通、多探望,发现问题也要及时与养老机构沟通,养老机构也要将可能发生的意外与家属事先讲清楚,避免日后引发纠纷而对簿公堂。

2. 健全规章制度,强化事故预防

就养老机构自身而言,应不断完善内部管理制度,从制度上保障入住老年人的居住安全;完善入院评估制度、护理等级评估制度、员工岗位职责、服务标准和操作规范,落实绩效考核和奖惩制度,树立风险防范意识,强化事故预防。特别是对入住老年人的评估和入住协议签订工作一定要细化明确,将可能预见的风险全部告知清楚,家属不得隐瞒老年人的健康状况。同时,养老机构要加强对员工的教育和培训,坚持持证上岗,合理配置人员,提高员工的服务水平和责任意识。

3. 完善硬件设施,强化行业标准

养老机构的硬件设施是否完备也关系到入住老年人的安危。因此养老机构应在原有的《老年人照料设施建筑设计标准》等基础上,制定养老机构行业服务规范和质量标准,完善硬件设施。比如,在老年人房间安装呼叫系统;在养老机构楼道、出入口等处安装电视监控系统;随时检修硬件设施,一旦发现损坏要立即维修。

(四)处理程序

1. 报告救治

一旦老年人发生跌伤、坠床等事件,值班人员一定要第一时间上报,并组织院内医务人员进行抢救,第一时间通知家属;如果情况严重,要及时拨打 120 急救电话,送医院进行救治。但是如果老年人发生噎食等紧急情况,一定要根据平时所学知识先进行急救。

2. 调查沟通

如果老年人发生噎食,事后要进行调查了解,老年人进食需要护理,吃饭时是否有护理人员在现场。如果老年人确实属于进食可以自理的,今后要对老年人加强进食安全的宣传教育。如果老年人突发意外,养老机构要及时与家属做好沟通解释工作。

3. 双方协商处置

如果发生老年人伤害事件,养老机构和老年人家属之间可以对此进行沟通处置。如果养老机构有投保,应及时通知保险公司进行理赔。

4. 应对诉讼

如果沟通无效,双方协商达不成一致意见,老年人及其家人可以向当地人民法院提起诉讼解决。

(五)注意事项

1. 入住协议

老年人入住养老机构时一定要签订入住协议,对老年人的健康状况、病史及意外事项一定要细化,特别是对老年人入住期间可能发生的意外、处理方法以及免责条款要明确。协议最好一年一签。养老机构对入住后老年人的身体状况要随时跟踪,并以书面形式通知家属随时调整护理级别。养老机构还应认真履行服务协议,并且确保管理到位无过错,一定要据理力争,维护自身合法权益。反之,确有过错一定要坦诚沟通、协商解决,避免事态升级,同时担负起法律责任,维护好老年人的正当权益。

2. 坦诚协商

养老机构发生伤害事故纠纷,老年人的家属难免会情绪激动,甚至有谩骂等情况,工作人员务必冷静,要做到有礼有节,不隐瞒、不避讳,态度热情、诚恳。工作人员一定要熟悉养老业务政策,宣传和解释相关政策,认真陈述事故原委,争取家属的理解和支持,并指明解决问题的途径。事情发生后,工作人员不能闪烁其词,要通过调查核实,口径一致,接待来访人员。如果事情确实无法控制,则请当地公安机关协助处理。

3. 应对媒体

对于媒体的介入,养老机构一定要高度重视,在事故未查清楚之前,切勿做出定论。要求媒体调查必须经过上级主管部门同意,一旦接受调查,要实事求是,宣传工作性质,陈述事情原委,借助媒体普及养老机构工作内容,力求媒体报告公正、客观,避免陷入不利的舆论氛围。

4. 保护现场

工作人员一定要妥善保管原始资料,记录事情原委,保护物证,确保事情发生的各项资料是真实的和客观的,避免丢失。如果发生伤亡,遇到老年人家属众多且情绪不理智时,要请当地公安部门及时介入。

(六)规避风险

(1)机构硬件建设和软件管理要达标,必须达到国家、行业监管部门的标准规范要求。硬件标准:现行《建筑灭火器配置设计规范》(GB 50140—2005)、《无障碍设计规范》(GB 50763—2012)、《老年人照料设施建筑设计标准》(JGJ 450—2018)、《老年养护院建设标准》(建标 144—2010)等。

项目五 居家、社区、机构养老服务与管理

软件标准:《养老机构管理办法》《养老机构基本规范》《养老机构安全管理》《老年人能力评估》等。目前,受民政部委托,中国社会福利与养老服务协会正在全国范围内选择优质养老机构,作为这些标准推进的试点。

当养老机构从硬件建设、软件管理方面按照国家或行业标准要求做好了,服务标准、服务流程、护理记录都比较规范与完善时,相对来说,其抗风险能力就强。然而,最根本的还是国家要出台相应的老年人伤害事故处理办法或规定,从法律层面界定。现在对"医闹"已有明确的法律规定,希望对养老机构也应该有类似的法律规定。

(2)政府对养老机构的用地进行明确规划要求的同时,相关部门还要加强监管。

政府要保障养老机构的利益,不因为拆迁等原因影响民营养老机构的利益。对民营养老机构的床位等运营补贴也要到位。

(3)一定要签合同。

养老机构与老年人及其家属有纠纷,如果是人身伤害纠纷,老年人及其家属可能选择人身损害赔偿纠纷而不是合同纠纷,但是,也很有可能出现的纠纷是合同纠纷而不是人身损害赔偿纠纷。无论是人身损害赔偿纠纷还是合同纠纷,法院审理时都要审查是否签订合同,审查合同内容。因为签订合同,是有规范要求的。例如,《北京市养老服务机构管理办法》第十六条规定:"养老服务机构应当与收养的老年人及其近亲属或者送养单位(以下统称送养人)签订收养服务合同。"一个养老服务机构如果与老人连合同都不签,可以想象它的管理和服务肯定都不规范,也将给自身带来巨大风险。

明确签约主体是老人,老人家属是共同付款人、担保人或者联系人、代理人。树立老年人合同主体的地位,体现对老年人人格权的尊重,同时能够避免纠纷。

(4)对管理服务风险的防范,主要应做到以下两点:

①推行养老机构标准化服务管理。国家层面,目前出台了针对养老机构的标准规范,即国家标准《养老机构基本规范》、行业标准《养老机构安全管理》《老年人能力评估》等相关标准。通过标准化的服务管理,如公开的服务标准、服务流程,详细的护理记录,等等。这些都可以有效地防范运营上的法律风险。

②开展老年人能力评估。

【自学自测】

一、填空题

1. 我国养老服务机构的投资主体由原来的_____逐步转向_____,现在养老机构已经形成_____、_____、_____和_____等多元化参与的网络格局。

2. 养老机构的类型主要有_____、_____、_____、_____、_____和_____。

3. 养老机构应当按照国家有关规定建立健全_____、_____、_____、_____、_____等规章制度，制定_____和_____，并予以公开。具体包括_____、_____、_____和_____，如行政查房制度、工作人员守则、休养员守则等。

二、简答题

1. 自理老人、介助老人、介护老人有何区别？
2. 养老机构服务协议的内容有哪些？
3. 养老机构如何做好安全保障管理？

【实训演练】

一、实训步骤

（1）完成实训资料及案例的学习，整合教材、网络、调研等相关知识。

（2）本项目包含6个实训任务，请依次完成。

（3）实训过程中可采用线上线下混合学习的方式，学生以小组为单位合作完成。

（4）请将每项实训任务的成果整理到相关表格中。

（5）本项目最终成果完成拓展任务，梳理近十年来社区居家养老政策脉络、《社区老年人日间照料中心建设标准》及养老机构入院评估流程。

二、实训资料

新"24孝"行动标准

（1）经常带着爱人、子女回家。
（2）节假日尽量与父母共度。
（3）为父母举办生日宴会。
（4）亲自给父母做饭。
（5）每周给父母打个电话。
（6）父母的零花钱不能少。
（7）为父母建立"关爱卡"。
（8）仔细聆听父母的往事。
（9）教父母学会上网。
（10）经常为父母拍照。
（11）对父母的爱要说出口。
（12）打开父母的心结。
（13）支持父母的业余爱好。
（14）支持单身父母再婚。
（15）定期带父母做体检。
（16）为父母购买合适的保险。
（17）常跟父母做交心的沟通。

（18）带父母一起出席重要的活动。

（19）带父母参观你工作的地方。

（20）带父母去旅行或故地重游。

（21）和父母一起锻炼身体。

（22）适当参与父母的活动。

（23）陪父母拜访他们的老朋友。

（24）陪父母看一场老电影。

近十年来社区居家养老政策脉络

根据政策文件内容与主题、经济社会发展状况、政策文件数量以及联合发文部门情况等综合因素，可将我国近十年来社区居家养老政策的发展划分为以下三个阶段。

第一阶段：2011—2013年为重视社会力量参与的政策形成期

2011年《中国老龄事业发展"十二五"规划》第一次将老龄事业发展写入国家发展规划；提出建立以居家为基础、社区为依托、机构为支撑的养老服务体系。尽管对居家和社区分别给予了"基础"和"依托"的重要定位，但是与2017年的《"十三五"国家老龄事业发展和养老体系建设规划》中提出的以"以居家为基础、社区为依托、机构为补充、医养相结合"相比，可以看出在"十二五"期间机构建设仍是重点。

2011年11月为贯彻落实《中国老龄事业发展"十二五"规划》，国务院办公厅颁发《社会养老服务体系建设规划（2011—2015年）》，指出"居家养老服务涵盖生活照料、家政服务、康复护理、医疗保健、精神慰藉等，以上门服务为主要形式。对身体状况较好、生活基本能自理的老年人，提供家庭服务、老年食堂、法律服务等服务；对生活不能自理的高龄、独居、失能等老年人提供家务劳动、家庭保健、辅具配置、送饭上门、无障碍改造、紧急呼叫和安全援助等服务。有条件的地方可以探索对居家养老的失能老年人给予专项补贴，鼓励他们配置必要的康复辅具，提高生活自理能力和生活质量"，对居家养老服务提出了更为具体且有针对性的要求。尽管如此，由于财政支持主要集中在机构的建设及运营等补贴上，市场进入居家和社区养老服务市场的动力不足。同时，由于在此阶段需要照护的老年人基本是多子女，依靠子女进行照顾的意识仍然占据主导，在没有财政支持的情况下从事居家和社区养老服务难以盈利，因此居家和社区养老服务一直没能取得突破性进展。

2012年民政部发布《关于鼓励和引导民间资本进入养老服务领域的实施意见》，在首要位置提出鼓励民间资本参与居家和社区养老，为老年人提供生活照料、家政服务、精神慰藉、康复护理、居家无障碍设施改造、紧急呼叫、安全援助和社会参与等服务；鼓励民间资本在城镇社区举办老年人日间照料中心、托老所、老年之家、老年活动中心等养老服务设施，支持社区养老服务网点连锁发展、扩大布点，提高社区养老服务的可及性；鼓励民间资本参与农村居家和社区养老服务发展，重点为向留守老年人及其他有需要的老年人提供日间照料、短期托养、配餐等服务；支持村民自治组织发展农村互助养老模式。

2013年国务院下发《关于加快发展养老服务业的若干意见》，对我国养老服务业的发展具有重要指导意义，之后包括居家和社区养老在内的养老服务业进入了大的转型发展时期。该意见提出"到2020年，全面建成以居家为基础、社区为依托、机构为支撑的，功能完善、规模适度、覆盖城乡的养老服务体系"的目标。尽管对机构的定位仍是支撑作用，但是对居家与社区养老提出了如下目标：生活照料、医疗护理、精神慰藉、紧急救援等养老服务覆盖所有居家老年人；符合标准的日间照料中心、老年人活动中心等服务设施覆盖所有城市社区，90%以上的乡镇和60%以上的农村社区建立包括养老服务在内的社区综合服务设施和站点。

在服务方面，提出地方政府要支持建立以企业和机构为主体、社区为纽带，满足老年人各种服务需求的居家养老服务网络；要通过制定扶持政策、措施，积极培育居家养老服务企业和机构，上门为居家老年人提供助餐、助浴、助洁、助急、助医等定制服务；要大力发展家政服务，为居家老年人提供规范化、个性化服务；要支持社区建立健全居家养老服务网点，引入社会组织和家政、物业等企业，兴办或运营老年供餐、社区日间照料、老年活动中心等形式多样的养老服务项目。

该意见进一步明确了居家和社区养老的发展方向，并在服务覆盖范围、配套设施建设、配套设施用地的解决、服务内容等方面都提出了具体且符合老年人需求的要求。但由于有明确发展目标的要求主要集中于社区内养老服务设施建设，在社区内修建日间照料中心、老年活动中心等成为对该意见中有关居家和社区养老要求的主要落实方式。

以上一系列文件渐次为居家和社区养老指明了发展方向，但大多未提出明确要求，这也是居家和社区养老没有取得大发展的重要原因之一。

第二阶段：2013—2017年政策快速发展期

2012年以来，随着政府提出全面深化改革的目标，养老服务政策呈现出不断变革、不断丰富的特点，许多涉老新观点、新词汇不断涌现。在强调社区、社会力量在社区居家养老服务中重要作用的同时，我国养老政策获得了新的拓展，进入了快速发展期。

从该时期政策文本来看，政策内容从不同的角度更加细化、明确，对养老服务的具体细节部分进行了专门的文件阐述，可以看出该阶段养老服务内容不断完善，养老体制不断改革，养老服务各层次统筹并进。新时期养老政策在以下几个方面获得了新的突破。

第一，推动鼓励信息技术应用于养老服务。

现代信息技术的不断发展以及与养老服务、养老产业的深度融合，推动了养老服务的提质增效，能够有效促进需求与供给的对接，推进养老服务的精细化管理。《国务院关于加快发展养老服务业的若干意见》（国发〔2013〕35号）提出："发展居家网络信息服务，地方政府要支持企业和机构运用互联网、物联网等技术手段创新居家养老服务模式，发展老年电子商务，建设居家服务网络平台，提供紧急呼叫、家政预约、健康咨询、物品代购、服务缴费等适合老年人的服务项目。"民政部、国家发改委等部委印发《关于推进社区公共服务综合信息平台建设的指导意见》（民发〔2013〕170号），就"社区信息化在提升社区自治和服务功能方面的积极作用"进行了专门论述。

《国务院办公厅关于全面放开养老服务市场提升养老服务质量的若干意见》（国办发

〔2016〕91号）更是首次提出："推进'互联网+'养老服务创新。"民政部、财政部印发《关于中央财政支持开展居家和社区养老服务改革试点工作的通知》（民函〔2016〕200号），提出支持探索多种模式的"互联网+"居家和社区养老服务模式和智能养老技术应用，促进供需双方对接，为老年人提供质优价廉、形式多样的服务。《"十三五"国家老龄事业发展和养老体系建设规划》提出，依托城乡社区公共服务综合信息平台为居家老人提供服务和实施"互联网+"养老工程。

同时，信息化技术在医养融合发展中起着重要作用，如老年人电子病历、电子健康档案。可见，互联网、物联网、大数据、云计算等现代信息技术用于养老服务已是大势所趋，信息技术与养老融合是养老服务发展的一大重点。

第二，推动鼓励医疗与养老相结合。

随着老龄人口中失能群体的增多以及各种老年病发生概率的提高，老年人对医疗护理方面的需求不断提升，催生了医疗服务与养老服务融合的诉求。《国务院关于加快发展养老服务业的若干意见》（国发〔2013〕35号）首次提出"积极推进医疗卫生与养老服务相结合，推动医养融合发展"，同时提出发展"健康保险、长期护理保险"等保险。

国家发政委、民政部等10部门联合下发《关于加快推进健康与养老服务工程建设的通知》（发改投资〔2014〕2091号），卫计委、民政部、国家发改委等颁布《关于推进医疗卫生与养老服务相结合的指导意见》（国办发〔2015〕84号），就医疗服务与养老融合发展进行了专门论述。

《"十三五"国家老龄事业发展和养老体系建设规划》提出将健全"以居家为基础、社区为依托、机构为补充、医养相结合的养老服务体系"作为"十三五"时期老龄事业的发展目标。可见，医疗与养老融合发展是养老服务发展的又一重点。

第三阶段：2018年至今为政策完善期

在经历了前一阶段养老政策的快速发展之后，社区居家养老服务内容框架已基本确定，2018年我国社区居家养老政策进入稳定期，政策的实践、调整与完善成为这一时期的特色。因此，国家通过各种政策推动养老政策落地，完善养老服务发展支持环境，推动政策实践。

2018年关于社区居家养老的政策实质上是2016年以来居家和养老服务改革试点的延续，社区居家养老政策内容上并未取得新的发展。

从2016年开始，民政部和财政部多次联合发文，就关于推进中央财政支持开展居家和社区养老服务改革试点、跟踪评估和绩效考核工作发布了专门通知，分三批在全国共确定了北京市丰台区等90个市（区）为中央财政支持开展居家和社区养老服务改革试点地区，对总结和推广社区居家养老服务经验，促进社区居家养老服务发展，满足老年人在家或社区享受养老服务等起到了实质性的推动作用。

通过"试点—经验总结与推广—再试点"的模式推动社区居家养老服务发展已成为政策的重要取向，社区居家养老服务呈现不断调整完善与成熟特征。

与此同时，中共中央领导在各种场合涉及养老服务的讲话、发言和会议纪要，也进一步反映了政策的可执行性。因此，2018年至今可以看作社区居家养老政策的完善期。

民政部《社区老年人日间照料中心建设标准》

建标 143—2010

前 言

《社区老年人日间照料中心建设标准》是根据住房和城乡建设部有关文件的要求，由民政部组织有关单位共同编制。

编制过程中，编制组遵循《中华人民共和国老年人权益保障法》《中共中央、国务院关于加强老龄工作的决定》《国务院关于加强和改进社区服务工作的意见》等法律法规和政策文件，在全国不同地区进行了广泛深入的调查研究，总结了各地社区老年人日间照料中心建设的经验教训。在此基础上，对大量资料进行了科学的论证与分析，形成了标准征求意见稿。经广泛征求有关方面的意见、反复修改形成了送审稿，经专家审查会通过后，进一步修改完善形成报批稿，并经有关部门批准发布。

本建设标准共分五章，包括：总则、建设内容及项目构成、建设规模及面积指标、选址及规划布局、建筑标准及有关设施。

中华人民共和国民政部
2010 年 11 月

第一章 总 则

第一条 为加强和规范社区老年人日间照料中心的基础设施建设，提高工程项目决策和建设管理水平，充分发挥投资效益，推进我国养老服务事业的发展，制定本建设标准。

第二条 本建设标准是社区老年人日间照料中心建设项目决策和合理确定建设水平的全国统一标准，是编制、评估和审批社区老年人日间照料中心项目建议书的依据，也是有关部门审查工程初步设计和监督检查建设全过程的重要依据。

第三条 本建设标准适用于社区老年人日间照料中心的新建工程项目，改建和扩建工程项目可参照执行。

本建设标准所指社区老年人日间照料中心是指为以生活不能完全自理、日常生活需要一定照料的半失能老年人为主的日托老年人提供膳食供应、个人照顾、保健康复、娱乐和交通接送等日间服务的设施。

第四条 社区老年人日间照料中心建设必须遵循国家经济建设的方针政策，符合国家相关法律法规，从老年人实际需求出发，综合考虑社会经济发展水平，因地制宜，按照本建设标准的规定，合理确定建设水平。

第五条 社区老年人日间照料中心建设应满足日托老年人在生活照料、保健康复、精神慰藉等方面的基本需求，做到规模适宜、功能完善、安全卫生、运行经济。

第六条 社区老年人日间照料中心建设应与经济、社会发展水平相适应，纳入国民经济和社会发展规划，统筹安排，确保政府资金投入，其建设用地应纳入城市规划。

第七条 社区老年人日间照料中心建设应充分利用其他社区公共服务和福利设施,实行资源整合与共享。统一规划,合理布局,并充分体现国家节能减排的要求。

第八条 社区老年人日间照料中心建设除应符合本建设标准外,尚应符合国家现行有关标准、定额的规定。

第二章 建设内容及项目构成

第九条 社区老年人日间照料中心建设内容包括房屋建筑及建筑设备、场地和基本装备。

第十条 社区老年人日间照料中心房屋建筑应根据实际需要,合理设置老年人的生活服务、保健康复、娱乐及辅助用房。其中:

老年人生活服务用房可包括休息室、沐浴间(含理发室)和餐厅(含配餐间);

老年人保健康复用房可包括医疗保健室、康复训练室和心理疏导室;

老年人娱乐用房可包括阅览室(含书画室)、网络室和多功能活动室;

辅助用房可包括办公室、厨房、洗衣房、公共卫生间和其他用房(含库房等)。

第十一条 社区老年人日间照料中心的建筑设备应包括供电、给排水、采暖通风、通讯、消防和网络等设备。

第十二条 社区老年人日间照料中心的场地应包括道路、停车、绿化和室外活动等场地。

第十三条 社区老年人日间照料中心应配备生活服务、保健康复、娱乐、安防、等相关设备和必要的交通工具。

第三章 建设规模及面积指标

第十四条 社区老年人日间照料中心建设规模应以社区居住人口数量为主要依据,兼顾服务半径确定。

第十五条 社区老年人日间照料中心建设规模分为三类,其房屋建筑面积指标宜符合表1规定。人口老龄化水平较高的社区,可根据实际需要适当增加建筑面积,一、二、三类社区老年人日间照料中心房屋建筑面积可分别按老年人人均房屋建筑面积 $0.26\ m^2$、$0.32\ m^2$、$0.39\ m^2$ 核定。

表1 社区老年人日间照料中心房屋建筑面积指标表

类别	社区人口规模/人	建筑面积/m^2
一类	30 000~50 000	1 600
二类	15 000~30 000(不含)	1 085
三类	10 000~15 000(不含)	750

注:平均使用面积系数按0.65计算。

第十六条 社区老年人日间照料中心各类用房使用面积所占比例参照表2确定。

表2 社区老年人日间照料中心各类用房使用面积所占比例表

用房名称		使用面积所占比例/%		
		一类	二类	三类
老年人用房	生活服务用房	43.0	39.3	35.7
	保健康复用房	11.9	16.2	20.3
	娱乐用房	18.3	16.2	15.5
辅助用房		26.8	28.3	28.5
合计		100.0	100.0	100.0

注：表中所列各项功能用房使用面积所占比例为参考值，各地可根据实际业务需要在总建筑面积范围内适当调整。

第四章 选址及规划布局

第十七条 社区老年人日间照料中心的选址应符合城市规划要求，并满足以下条件：

一、服务对象相对集中，交通便利，供电、给排水、通信等市政条件较好；

二、临近医疗机构等公共服务设施；

三、环境安静，与高噪声、污染源的防护距离符合有关安全卫生规定。

第十八条 社区老年人日间照料中心宜在建筑低层部分，相对独立，并有独立出入口。二层以上的社区老年人日间照料中心应设置电梯或无障碍坡道。无障碍坡道的建筑面积不计入本标准规定的总建筑面积内。

第十九条 社区老年人日间照料中心建设应根据日托老年人的特点和各项设施的功能要求，进行合理布局，分区设置。

第二十条 社区老年人日间照料中心老年人休息室宜与保健康复、娱乐用房和辅助用房作必要的分隔，避免干扰。

第五章 建筑标准及有关设施

第二十一条 社区老年人日间照料中心建筑标准应根据日托老年人的身心特点和服务流程，结合经济水平和地域条件合理确定，主要建筑的结构型式应考虑使用的灵活性并留有扩建、改造的余地。

第二十二条 社区老年人日间照料中心建筑设计应符合老年人建筑设计、城市道路和建筑物无障碍设计和公共建筑节能设计等规范、标准的要求和规定。

第二十三条 社区老年人日间照料中心房屋建筑宜采用钢筋混凝土结构；其抗震设防标准应为重点设防类。

第二十四条 社区老年人日间照料中心消防设施的配置应符合建筑设计防火规范的有关规定，其建筑防火等级不应低于二级。

第二十五条 社区老年人日间照料中心老年人休息室以每间容纳4~6人为宜，室内通道和床（椅）距应满足轮椅进出及日常照料的需要。老年人休息室可内设卫生间，其地面应满足易清洗和防滑的要求。

第二十六条　社区老年人日间照料中心老年人用房门净宽不应小于90 cm，走道净宽不应小于180 cm。

第二十七条　社区老年人日间照料中心老年人用房应保证充足的日照和良好的通风，充分利用天然采光，窗地比不应低于1∶6。

第二十八条　社区老年人日间照料中心的建筑外观应做到色调温馨、简洁大方、自然和谐、统一标识；室内装修应符合无障碍、卫生、环保和温馨的要求，并按老年人建筑设计规范的相关规定执行。

第二十九条　社区老年人日间照料中心供电设施应符合设备和照明用电负荷的要求，并宜配置应急电源设备。

第三十条　社区老年人日间照料中心应有给排水设施，并应符合国家卫生标准。其生活服务用房应具有热水供应系统，并配置洗涤、沐浴等设施。

第三十一条　严寒、寒冷及夏热冬冷地区的社区老年人日间照料中心应具有采暖设施；最热月平均室外气温高于或等于25℃地区的社区老年人日间照料中心应设置空调设备，并有通风换气装置。

第三十二条　社区老年人日间照料中心应根据网络服务和信息化管理的需要，敷设线路，预留接口。

养老机构入院评估流程

要住养老院，首先要通过养老机构的入院评估，确定护理等级。那么，入院评估到底如何展开？在评估过程中，需要注意哪些问题？不同的养老院入院评估体系各有不同，但基本操作步骤大体相似，分三步：分析体检报告、进行初评、试住期间完成系统评估。

第一步，分析体检报告

老人入住前，应按养老机构要求提供其最近两个月内由二级甲等以上医疗机构出具的体检报告。体检报告内容应包括胸透、肝功能、骨密度、血糖、血常规等，以及养老机构认为应该提供的检测项目。

体检报告对于老年人能力评估至关重要，它是快速判断老人基本身体状况，判定护理需求的重要依据。因此，老年人如有住养需要，首先要准备好符合养老机构具体要求的体检报告。

第二步，进行初评

通过观察询问，初步判定能力等级，为了使老人在试住期就能接受较有针对性的护理服务，养老机构首先会对新入住老人进行初评，了解其基本行为能力和精神认知状况，如考察他们肢体协调能力、语言表述力、记忆力等。

通过知识问答、对话交流、询问家属的方式进行，工作经验丰富的护理人员会通过直接观察、间接询问、借助道具等方法，对老人进行基本评估。某些养老机构对新入住老人需到评估室接受包括用餐进食、洗澡梳妆、穿衣穿裤、平地行走、上下楼梯、如厕等在内的对于日常生活活动能力以及精神状况的初评，从而为确定护理等级和入住区域等提供较为准确的依据。

养老机构根据住养老人提供的体检报告，对其身体健康状况进行综合评估后，暂定护理等级，出示意外风险告知书并确定试住期。试住期间费用与正式入住一致，养老机构需要承担老人试住期间应负的相应责任。试住期满，养老机构根据试住期间老人的生活起居等各类状况及护理情况进行评估，出具"试住期评估表"并确定护理等级。经三方同意后，老人正式入住。

第三步，试住期间完成系统评估

通过初评的老人，便会进入养老机构开始试住生活，并在试住期间完成系统评估。养老机构在整合各种参考量表的基础上，会构建起一个评估体系，对新入住老人的日常生活能力、精神认知能力、感知觉与沟通、社会参与和适应能力、营养状况、疾病等进行全方位的综合评定。

对新入住老人的综合评估内容包括基础资料、能力认知及肢体功能评估、营养安全评估及康复护理需求、病史及常规体检、辅助检查日常用药及诊断、综合照护建议等；评估参照的量表主要有日常生活能力评估、精神状态评估、感知觉与沟通评估、社会参与评估、营养风险筛查表（NRS2002）、简易智能状态测试量表（MMSE）、Berg 平衡量表，以及跌倒、压疮、走失、吞咽等功能表。

评估小组中的医护人员、康复师、心理师、营养师、社工会根据各自的专业领域，就相关量表中的问题对老人进行询问与观察，如营养师会根据营养风险筛查表（NRS2002）对老人的营养安全进行评估。一周之内，评估小组会给出系统测评结果，并制订相应的护理方案。

另外，住养期间老人患病，养老机构应立即通知委托人或监护人；如委托人或监护人联系不上，本着人道主义原则，养老机构有权紧急处置及时送医。老人如遇特殊情况须紧急送医院救治，在委托人或老人家属无法及时赶到的情况下，养老机构应为老人提供如代为挂号、陪同看病、办理入院手续等服务。因养老机构安全措施不当，管理服务不善等过错造成老人身体、财产受到损害的，养老机构据实承担赔偿责任；如老人有过错，根据过错责任由养老机构、老人双方共同承担。

养老机构不承担法律责任的情况

在安全问题上，养老机构确保住养区域内的各项设施安全可靠，对老人在住养区域内的安全承担约定以及法定的责任，规定了在以下情形中，养老机构除提供必要的应急帮助和救助外，不承担法律责任：

①养老机构场地和设施无过错情况下，住养老人在自行走动或活动时发生跌倒造成骨折、身体损伤等事故；②住养老人原有疾病加重，或慢性疾病急性发作，或突发疾病及猝死；③住养老人隐瞒入住前身体隐患痼疾的；④住养老人在自行饮食时出现吞咽堵塞而造成窒息的；⑤住养老人服用自配药品及自身原因致身体受到损伤，而致残致死的；⑥住养老人食用非养老机构提供的食物出现食物中毒的；⑦住养老人自身原因造成的走失或引发的各类纠纷；⑧住养期间因非养老机构责任而发生的事故及意外；⑨合同终止后，老人未经养老机构允许，滞留在养老机构期间发生的人身、财产损害。

三、实训案例

日间照料中心　　老年人温馨的家

"老伙伴们都到齐了，就等我呢！"家住西宁市城西区的张奶奶催着儿女把她送到常

项目五 居家、社区、机构养老服务与管理

去的西宁市城西区××路街道××社区老年日间照料中心。说起托老所，张奶奶说道："在这里，我和同龄人在一起，有吃有聊、有玩有乐，日子过得很舒心。"

3月24日，记者前往社区老年日间照料中心，这里场地并不大，只有200多平方米，但布置得很别致、温馨，休息室、幸福餐厅、配餐间、浴室和卫生间一应俱全。

暖阳照进房间，半躺在客厅窗边按摩椅上的李奶奶微笑着和记者打招呼。李奶奶今年已经85岁了，由于子女工作繁忙，无法给老人足够的陪伴，日间照料中心就成了李奶奶的第二个家。"在这里吃中午饭，下午和老姐妹们聊聊天、看看电视，周六周日儿子儿媳还会来看我。"李奶奶说。

护理注重细节，每天早中晚，护理员都会为老人准备可口的饭菜。为了让老人吃好，护理员提前制定营养食谱。如果老人喜欢吃些其他的食物，护理员会根据实际情况做给他们吃。

日间照料中心有8位老人，他们中有患阿尔茨海默病的老人，也有失能失智的老人，日常的看护照料全靠与护理员合作完成。护理员的工作繁重、琐碎，从早上6点钟开始忙碌，清理桌子、椅子、窗台、地面。上午10点多，又开始准备午饭。下午，他们要给老人洗澡、泡脚、修剪指甲……还会不定时给卧床的老人更换尿不湿。除了生活中的照顾之外，心理疏导也必不可少。护理员小叶说："很多老人刚到这里，会有一些抵触。但时间久了，老人就把护理员当成自己的儿女了。"

近年来，西宁市委、市政府将夯实服务设施作为突破点，打造"1+7+N"三级养老服务体系（1个市级养老服务指导中心+7个县区级养老示范基地和福利中心+N个日间照料中心和农村老年之家），先后投资11.25亿元，实施各类养老服务项目361个，居家和社区养老服务品质持续提升，初步实现了养老服务设施从少到多、从弱变强、从低水平到有质量的转变，让老人乐享晚年。

（资料来源：青海新闻网）

四、实训任务

实训1：小组合作完成任务—情境导入案例任务。

情境导入案例任务	
问题	内容
李婆婆现在享受到的居家服务内容有哪些？	
案例中矛盾问题及缘由是什么？	
分析列出存在的风险	

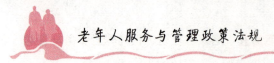

续表

情境导入案例任务	
问题	内容
完成任务解决矛盾，居家养老服务部重新为李婆婆提供服务	

实训2：小组合作完成任务二情境导入案例任务。

情境导入案例任务	
问题	内容
耿某在日间照料中心应享受的服务内容有哪些？	
日间照料中心存在的问题有哪些？	
这起事件的责任如何认定？	
如果你是日间照料中心的负责人会怎样做？	

实训3：小组合作完成任务三情境导入案例任务。

情境导入案例任务	
问题	内容
养老服务的注意事项有哪些？	
分析情境案例找出意外事件发生的原因	

续表

情境导入案例任务	
问题	内容
如何认定养老院是否对此案负有责任,如何赔偿?	
预防意外事件发生的措施	

实训4:结合《新24孝》,挑选力所能及的内容为自己的父母或长辈尽孝。

为长辈服务任务	
服务流程	内容
评估服务长辈身心状况	
制订服务计划	
服务实施过程	
长辈评价	
服务后自己的感受	

实训5:结合实训案例,以小组为单位考察1~2所社区的日间照料中心。

日间照料中心调研任务	
问题	内容
调研照料中心简介	
照料中心优势	
照料中心不足	
根据实际情况形成调研报告	

实训6：以小组为单位，制定调查问卷，考察1~2所养老服务机构，完成养老服务机构调研总结。

养老服务机构基本情况调查问卷				
基础信息	机构名称		地址	
	联系方式		性质	
	开设床位数		实际入住床位数	
服务内容	您所在机构开展了哪些服务以？（可多选）	☐ 生活照料服务 ☐ 洗涤服务 ☐ 心理/精神支持服务 ☐ 其他（请说明）	☐ 膳食服务 ☐ 医疗护理服务 ☐ 安宁服务	☐ 清洁卫生服务 ☐ 文化娱乐服务 ☐ 居家/社区养老
	您所在机构开展了哪些医养结合项目？（可多选）	☐ 无 ☐ 慢病管理 ☐ 中医理疗 ☐ 预防保健	☐ 药物管理 ☐ 常见病多发病诊疗 ☐ 康复护理 ☐ 院内感染控制	☐ 健康档案 ☐ 中医诊治 ☐ 健康指导 ☐ 其他
人员配置	您所在机构工作人员总数		护理员人数	
	专业技术人员人数		管理人员人数	
	护理员与服务老人比例			
	您所在的机构可以提供哪些方面的教育培训？（可多选）	☐ 养老护理管理人员实习　☐ 养老护理技术人员实习 ☐ 养老护理管理人员培训　☐ 养老护理技术人员培训 ☐ 医疗专业人员实习　　　☐ 医疗专业人员培训 ☐ 其他		
管理情况	您所在机构是否实现了信息化，如拥有智能化信息台、老年人电子档案等？			
	您所在机构的制度是否规范？	☐ 很规范 ☐ 比较规范 ☐ 一般 ☐ 比较不规范 ☐ 很不规范		
	您所在机构是否建立了规范的矛盾、争端、突发事件等处置预案？			
个人感受	您认为您所在机构的优势和不足分别有哪些？			

项目五　居家、社区、机构养老服务与管理

养老服务机构调研总结	
问题	内容
调研养老服务机构简介	
养老服务机构优势	
养老服务机构不足	
根据实际情况形成调研报告	

【拓展延伸】

任务1：梳理近十年来社区居家养老政策脉络。

梳理近十年来社区居家养老政策脉络	
阶段	重要内容
重视社会力量参与的政策形成期	
政策快速发展期	
政策完善期	

任务2：民政部《社区老年人日间照料中心建设标准》。

社区老年人日间照料中心建设标准	
模块	重要内容

127

续表

社区老年人日间照料中心建设标准	
模块	重要内容

任务3：养老机构入院评估流程。

入院评估流程	
评估流程	内容

中华人民共和国老年人权益保障法

（1996年8月29日第八届全国人民代表大会常务委员会第二十一次会议通过，根据2009年8月27日第十一届全国人民代表大会常务委员会第十次会议《关于修改部分法律的决定》第一次修正，2012年12月28日第十一届全国人民代表大会常务委员会第三十次会议修订，根据2015年4月24日第十二届全国人民代表大会常务委员会第十四次会议《关于修改〈中华人民共和国电力法〉等六部法律的决定》第二次修正，根据2018年12月29日第十三届全国人民代表大会常务委员会第七次会议《关于修改〈中华人民共和国劳动法〉等七部法律的决定》第三次修正）

目　录

第一章　总则
第二章　家庭赡养与扶养
第三章　社会保障
第四章　社会服务
第五章　社会优待
第六章　宜居环境
第七章　参与社会发展
第八章　法律责任
第九章　附则

第一章　总　则

第一条　为了保障老年人合法权益，发展老龄事业，弘扬中华民族敬老、养老、助老的美德，根据宪法，制定本法。

第二条　本法所称老年人是指六十周岁以上的公民。

第三条 国家保障老年人依法享有的权益。

老年人有从国家和社会获得物质帮助的权利,有享受社会服务和社会优待的权利,有参与社会发展和共享发展成果的权利。

禁止歧视、侮辱、虐待或者遗弃老年人。

第四条 积极应对人口老龄化是国家的一项长期战略任务。

国家和社会应当采取措施,健全保障老年人权益的各项制度,逐步改善保障老年人生活、健康、安全以及参与社会发展的条件,实现老有所养、老有所医、老有所为、老有所学、老有所乐。

第五条 国家建立多层次的社会保障体系,逐步提高对老年人的保障水平。

国家建立和完善以居家为基础、社区为依托、机构为支撑的社会养老服务体系。

倡导全社会优待老年人。

第六条 各级人民政府应当将老龄事业纳入国民经济和社会发展规划,将老龄事业经费列入财政预算,建立稳定的经费保障机制,并鼓励社会各方面投入,使老龄事业与经济、社会协调发展。

国务院制定国家老龄事业发展规划。县级以上地方人民政府根据国家老龄事业发展规划,制定本行政区域的老龄事业发展规划和年度计划。

县级以上人民政府负责老龄工作的机构,负责组织、协调、指导、督促有关部门做好老年人权益保障工作。

第七条 保障老年人合法权益是全社会的共同责任。

国家机关、社会团体、企业事业单位和其他组织应当按照各自职责,做好老年人权益保障工作。

基层群众性自治组织和依法设立的老年人组织应当反映老年人的要求,维护老年人合法权益,为老年人服务。

提倡、鼓励义务为老年人服务。

第八条 国家进行人口老龄化国情教育,增强全社会积极应对人口老龄化意识。

全社会应当广泛开展敬老、养老、助老宣传教育活动,树立尊重、关心、帮助老年人的社会风尚。

青少年组织、学校和幼儿园应当对青少年和儿童进行敬老、养老、助老的道德教育和维护老年人合法权益的法制教育。

广播、电影、电视、报刊、网络等应当反映老年人的生活,开展维护老年人合法权益的宣传,为老年人服务。

第九条 国家支持老龄科学研究,建立老年人状况统计调查和发布制度。

第十条 各级人民政府和有关部门对维护老年人合法权益和敬老、养老、助老成绩显著的组织、家庭或者个人,对参与社会发展做出突出贡献的老年人,按照国家有关规定给予表彰或者奖励。

第十一条 老年人应当遵纪守法,履行法律规定的义务。

第十二条 每年农历九月初九为老年节。

第二章　家庭赡养与扶养

第十三条　老年人养老以居家为基础，家庭成员应当尊重、关心和照料老年人。

第十四条　赡养人应当履行对老年人经济上供养、生活上照料和精神上慰藉的义务，照顾老年人的特殊需要。

赡养人是指老年人的子女以及其他依法负有赡养义务的人。

赡养人的配偶应当协助赡养人履行赡养义务。

第十五条　赡养人应当使患病的老年人及时得到治疗和护理；对经济困难的老年人，应当提供医疗费用。

对生活不能自理的老年人，赡养人应当承担照料责任；不能亲自照料的，可以按照老年人的意愿委托他人或者养老机构等照料。

第十六条　赡养人应当妥善安排老年人的住房，不得强迫老年人居住或者迁居条件低劣的房屋。

老年人自有的或者承租的住房，子女或者其他亲属不得侵占，不得擅自改变产权关系或者租赁关系。

老年人自有的住房，赡养人有维修的义务。

第十七条　赡养人有义务耕种或者委托他人耕种老年人承包的田地，照管或者委托他人照管老年人的林木和牲畜等，收益归老年人所有。

第十八条　家庭成员应当关心老年人的精神需求，不得忽视、冷落老年人。

与老年人分开居住的家庭成员，应当经常看望或者问候老年人。

用人单位应当按照国家有关规定保障赡养人探亲休假的权利。

第十九条　赡养人不得以放弃继承权或者其他理由，拒绝履行赡养义务。

赡养人不履行赡养义务，老年人有要求赡养人付给赡养费等权利。

赡养人不得要求老年人承担力不能及的劳动。

第二十条　经老年人同意，赡养人之间可以就履行赡养义务签订协议。赡养协议的内容不得违反法律的规定和老年人的意愿。

基层群众性自治组织、老年人组织或者赡养人所在单位监督协议的履行。

第二十一条　老年人的婚姻自由受法律保护。子女或者其他亲属不得干涉老年人离婚、再婚及婚后的生活。

赡养人的赡养义务不因老年人的婚姻关系变化而消除。

第二十二条　老年人对个人的财产，依法享有占有、使用、收益和处分的权利，子女或者其他亲属不得干涉，不得以窃取、骗取、强行索取等方式侵犯老年人的财产权益。

老年人有依法继承父母、配偶、子女或者其他亲属遗产的权利，有接受赠与的权利。子女或者其他亲属不得侵占、抢夺、转移、隐匿或者损毁应当由老年人继承或者接受赠与的财产。

老年人以遗嘱处分财产，应当依法为老年配偶保留必要的份额。

第二十三条　老年人与配偶有相互扶养的义务。

由兄、姐扶养的弟、妹成年后，有负担能力的，对年老无赡养人的兄、姐有扶养的义务。

第二十四条 赡养人、扶养人不履行赡养、扶养义务的,基层群众性自治组织、老年人组织或者赡养人、扶养人所在单位应当督促其履行。

第二十五条 禁止对老年人实施家庭暴力。

第二十六条 具备完全民事行为能力的老年人,可以在近亲属或者其他与自己关系密切、愿意承担监护责任的个人、组织中协商确定自己的监护人。监护人在老年人丧失或者部分丧失民事行为能力时,依法承担监护责任。

老年人未事先确定监护人的,其丧失或者部分丧失民事行为能力时,依照有关法律的规定确定监护人。

第二十七条 国家建立健全家庭养老支持政策,鼓励家庭成员与老年人共同生活或者就近居住,为老年人随配偶或者赡养人迁徙提供条件,为家庭成员照料老年人提供帮助。

第三章 社会保障

第二十八条 国家通过基本养老保险制度,保障老年人的基本生活。

第二十九条 国家通过基本医疗保险制度,保障老年人的基本医疗需要。享受最低生活保障的老年人和符合条件的低收入家庭中的老年人参加新型农村合作医疗和城镇居民基本医疗保险所需个人缴费部分,由政府给予补贴。

有关部门制定医疗保险办法,应当对老年人给予照顾。

第三十条 国家逐步开展长期护理保障工作,保障老年人的护理需求。

对生活长期不能自理、经济困难的老年人,地方各级人民政府应当根据其失能程度等情况给予护理补贴。

第三十一条 国家对经济困难的老年人给予基本生活、医疗、居住或者其他救助。

老年人无劳动能力、无生活来源、无赡养人和扶养人,或者其赡养人和扶养人确无赡养能力或者扶养能力的,由地方各级人民政府依照有关规定给予供养或者救助。

对流浪乞讨、遭受遗弃等生活无着的老年人,由地方各级人民政府依照有关规定给予救助。

第三十二条 地方各级人民政府在实施廉租住房、公共租赁住房等住房保障制度或者进行危旧房屋改造时,应当优先照顾符合条件的老年人。

第三十三条 国家建立和完善老年人福利制度,根据经济社会发展水平和老年人的实际需要,增加老年人的社会福利。

国家鼓励地方建立八十周岁以上低收入老年人高龄津贴制度。

国家建立和完善计划生育家庭老年人扶助制度。

农村可以将未承包的集体所有的部分土地、山林、水面、滩涂等作为养老基地,收益供老年人养老。

第三十四条 老年人依法享有的养老金、医疗待遇和其他待遇应当得到保障,有关机构必须按时足额支付,不得克扣、拖欠或者挪用。

国家根据经济发展以及职工平均工资增长、物价上涨等情况,适时提高养老保障水平。

第三十五条　国家鼓励慈善组织以及其他组织和个人为老年人提供物质帮助。

第三十六条　老年人可以与集体经济组织、基层群众性自治组织、养老机构等组织或者个人签订遗赠扶养协议或者其他扶助协议。

负有扶养义务的组织或者个人按照遗赠扶养协议，承担该老年人生养死葬的义务，享有受遗赠的权利。

第四章　社会服务

第三十七条　地方各级人民政府和有关部门应当采取措施，发展城乡社区养老服务，鼓励、扶持专业服务机构及其他组织和个人，为居家的老年人提供生活照料、紧急救援、医疗护理、精神慰藉、心理咨询等多种形式的服务。

对经济困难的老年人，地方各级人民政府应当逐步给予养老服务补贴。

第三十八条　地方各级人民政府和有关部门、基层群众性自治组织，应当将养老服务设施纳入城乡社区配套设施建设规划，建立适应老年人需要的生活服务、文化体育活动、日间照料、疾病护理与康复等服务设施和网点，就近为老年人提供服务。

发扬邻里互助的传统，提倡邻里间关心、帮助有困难的老年人。

鼓励慈善组织、志愿者为老年人服务。倡导老年人互助服务。

第三十九条　各级人民政府应当根据经济发展水平和老年人服务需求，逐步增加对养老服务的投入。

各级人民政府和有关部门在财政、税费、土地、融资等方面采取措施，鼓励、扶持企业事业单位、社会组织或者个人兴办、运营养老、老年人日间照料、老年文化体育活动等设施。

第四十条　地方各级人民政府和有关部门应当按照老年人口比例及分布情况，将养老服务设施建设纳入城乡规划和土地利用总体规划，统筹安排养老服务设施建设用地及所需物资。

非营利性养老服务设施用地，可以依法使用国有划拨土地或者农民集体所有的土地。养老服务设施用地，非经法定程序不得改变用途。

第四十一条　政府投资兴办的养老机构，应当优先保障经济困难的孤寡、失能、高龄等老年人的服务需求。

第四十二条　国务院有关部门制定养老服务设施建设、养老服务质量和养老服务职业等标准，建立健全养老机构分类管理和养老服务评估制度。

各级人民政府应当规范养老服务收费项目和标准，加强监督和管理。

第四十三条　设立公益性养老机构，应当依法办理相应的登记。

设立经营性养老机构，应当在市场监督管理部门办理登记。

养老机构登记后即可开展服务活动，并向县级以上人民政府民政部门备案。

第四十四条　地方各级人民政府加强对本行政区域养老机构管理工作的领导，建立养老机构综合监管制度。

县级以上人民政府民政部门负责养老机构的指导、监督和管理，其他有关部门依照职责分工对养老机构实施监督。

第四十五条 县级以上人民政府民政部门依法履行监督检查职责，可以采取以下措施：

（一）向养老机构和个人了解情况；

（二）进入涉嫌违法的养老机构进行现场检查；

（三）查阅或者复制有关合同、票据、账簿及其他有关资料；

（四）发现养老机构存在可能危及人身健康和生命财产安全风险的，责令限期改正，逾期不改正的，责令停业整顿。

县级以上人民政府民政部门调查养老机构涉嫌违法的行为，应当遵守《中华人民共和国行政强制法》和其他有关法律、行政法规的规定。

第四十六条 养老机构变更或者终止的，应当妥善安置收住的老年人，并依照规定到有关部门办理手续。有关部门应当为养老机构妥善安置老年人提供帮助。

第四十七条 国家建立健全养老服务人才培养、使用、评价和激励制度，依法规范用工，促进从业人员劳动报酬合理增长，发展专职、兼职和志愿者相结合的养老服务队伍。

国家鼓励高等学校、中等职业学校和职业培训机构设置相关专业或者培训项目，培养养老服务专业人才。

第四十八条 养老机构应当与接受服务的老年人或者其代理人签订服务协议，明确双方的权利、义务。

养老机构及其工作人员不得以任何方式侵害老年人的权益。

第四十九条 国家鼓励养老机构投保责任保险，鼓励保险公司承保责任保险。

第五十条 各级人民政府和有关部门应当将老年医疗卫生服务纳入城乡医疗卫生服务规划，将老年人健康管理和常见病预防等纳入国家基本公共卫生服务项目。鼓励为老年人提供保健、护理、临终关怀等服务。

国家鼓励医疗机构开设针对老年病的专科或者门诊。

医疗卫生机构应当开展老年人的健康服务和疾病防治工作。

第五十一条 国家采取措施，加强老年医学的研究和人才培养，提高老年病的预防、治疗、科研水平，促进老年病的早期发现、诊断和治疗。

国家和社会采取措施，开展各种形式的健康教育，普及老年保健知识，增强老年人自我保健意识。

第五十二条 国家采取措施，发展老龄产业，将老龄产业列入国家扶持行业目录。扶持和引导企业开发、生产、经营适应老年人需要的用品和提供相关的服务。

第五章 社会优待

第五十三条 县级以上人民政府及其有关部门根据经济社会发展情况和老年人的特殊需要，制定优待老年人的办法，逐步提高优待水平。

对常住在本行政区域内的外埠老年人给予同等优待。

第五十四条 各级人民政府和有关部门应当为老年人及时、便利地领取养老金、结算医疗费和享受其他物质帮助提供条件。

第五十五条 各级人民政府和有关部门办理房屋权属关系变更、户口迁移等涉及老年人权益的重大事项时,应当就办理事项是否为老年人的真实意思表示进行询问,并依法优先办理。

第五十六条 老年人因其合法权益受侵害提起诉讼交纳诉讼费确有困难的,可以缓交、减交或者免交;需要获得律师帮助,但无力支付律师费用的,可以获得法律援助。

鼓励律师事务所、公证处、基层法律服务所和其他法律服务机构为经济困难的老年人提供免费或者优惠服务。

第五十七条 医疗机构应当为老年人就医提供方便,对老年人就医予以优先。有条件的地方,可以为老年人设立家庭病床,开展巡回医疗、护理、康复、免费体检等服务。

提倡为老年人义诊。

第五十八条 提倡与老年人日常生活密切相关的服务行业为老年人提供优先、优惠服务。

城市公共交通、公路、铁路、水路和航空客运,应当为老年人提供优待和照顾。

第五十九条 博物馆、美术馆、科技馆、纪念馆、公共图书馆、文化馆、影剧院、体育场馆、公园、旅游景点等场所,应当对老年人免费或者优惠开放。

第六十条 农村老年人不承担兴办公益事业的筹劳义务。

第六章 宜居环境

第六十一条 国家采取措施,推进宜居环境建设,为老年人提供安全、便利和舒适的环境。

第六十二条 各级人民政府在制定城乡规划时,应当根据人口老龄化发展趋势、老年人口分布和老年人的特点,统筹考虑适合老年人的公共基础设施、生活服务设施、医疗卫生设施和文化体育设施建设。

第六十三条 国家制定和完善涉及老年人的工程建设标准体系,在规划、设计、施工、监理、验收、运行、维护、管理等环节加强相关标准的实施与监督。

第六十四条 国家制定无障碍设施工程建设标准。新建、改建和扩建道路、公共交通设施、建筑物、居住区等,应当符合国家无障碍设施工程建设标准。

各级人民政府和有关部门应当按照国家无障碍设施工程建设标准,优先推进与老年人日常生活密切相关的公共服务设施的改造。无障碍设施的所有人和管理人应当保障无障碍设施正常使用。

第六十五条 国家推动老年宜居社区建设,引导、支持老年宜居住宅的开发,推动和扶持老年人家庭无障碍设施的改造,为老年人创造无障碍居住环境。

第七章 参与社会发展

第六十六条 国家和社会应当重视、珍惜老年人的知识、技能、经验和优良品德,发挥老年人的专长和作用,保障老年人参与经济、政治、文化和社会生活。

第六十七条 老年人可以通过老年人组织,开展有益身心健康的活动。

第六十八条 制定法律、法规、规章和公共政策,涉及老年人权益重大问题的,应当听取老年人和老年人组织的意见。

老年人和老年人组织有权向国家机关提出老年人权益保障、老龄事业发展等方面的意见和建议。

第六十九条 国家为老年人参与社会发展创造条件。根据社会需要和可能，鼓励老年人在自愿和量力的情况下，从事下列活动：

（一）对青少年和儿童进行社会主义、爱国主义、集体主义和艰苦奋斗等优良传统教育；

（二）传授文化和科技知识；

（三）提供咨询服务；

（四）依法参与科技开发和应用；

（五）依法从事经营和生产活动；

（六）参加志愿服务、兴办社会公益事业；

（七）参与维护社会治安、协助调解民间纠纷；

（八）参加其他社会活动。

第七十条 老年人参加劳动的合法收入受法律保护。

任何单位和个人不得安排老年人从事危害其身心健康的劳动或者危险作业。

第七十一条 老年人有继续受教育的权利。

国家发展老年教育，把老年教育纳入终身教育体系，鼓励社会办好各类老年学校。

各级人民政府对老年教育应当加强领导，统一规划，加大投入。

第七十二条 国家和社会采取措施，开展适合老年人的群众性文化、体育、娱乐活动，丰富老年人的精神文化生活。

第八章 法律责任

第七十三条 老年人合法权益受到侵害的，被侵害人或者其代理人有权要求有关部门处理，或者依法向人民法院提起诉讼。

人民法院和有关部门，对侵犯老年人合法权益的申诉、控告和检举，应当依法及时受理，不得推诿、拖延。

第七十四条 不履行保护老年人合法权益职责的部门或者组织，其上级主管部门应当给予批评教育，责令改正。

国家工作人员违法失职，致使老年人合法权益受到损害的，由其所在单位或者上级机关责令改正，或者依法给予处分；构成犯罪的，依法追究刑事责任。

第七十五条 老年人与家庭成员因赡养、扶养或者住房、财产等发生纠纷，可以申请人民调解委员会或者其他有关组织进行调解，也可以直接向人民法院提起诉讼。

人民调解委员会或者其他有关组织调解前款纠纷时，应当通过说服、疏导等方式化解矛盾和纠纷；对有过错的家庭成员，应当给予批评教育。

人民法院对老年人追索赡养费或者扶养费的申请，可以依法裁定先予执行。

第七十六条 干涉老年人婚姻自由，对老年人负有赡养义务、扶养义务而拒绝赡养、扶养，虐待老年人或者对老年人实施家庭暴力的，由有关单位给予批评教育；构成违反治安管理行为的，依法给予治安管理处罚；构成犯罪的，依法追究刑事责任。

第七十七条　家庭成员盗窃、诈骗、抢夺、侵占、勒索、故意损毁老年人财物，构成违反治安管理行为的，依法给予治安管理处罚；构成犯罪的，依法追究刑事责任。

第七十八条　侮辱、诽谤老年人，构成违反治安管理行为的，依法给予治安管理处罚；构成犯罪的，依法追究刑事责任。

第七十九条　养老机构及其工作人员侵害老年人人身和财产权益，或者未按照约定提供服务的，依法承担民事责任；有关主管部门依法给予行政处罚；构成犯罪的，依法追究刑事责任。

第八十条　对养老机构负有管理和监督职责的部门及其工作人员滥用职权、玩忽职守、徇私舞弊的，对直接负责的主管人员和其他直接责任人员依法给予处分；构成犯罪的，依法追究刑事责任。

第八十一条　不按规定履行优待老年人义务的，由有关主管部门责令改正。

第八十二条　涉及老年人的工程不符合国家规定的标准或者无障碍设施所有人、管理人未尽到维护和管理职责的，由有关主管部门责令改正；造成损害的，依法承担民事责任；对有关单位、个人依法给予行政处罚；构成犯罪的，依法追究刑事责任。

第九章　附　则

第八十三条　民族自治地方的人民代表大会，可以根据本法的原则，结合当地民族风俗习惯的具体情况，依照法定程序制定变通的或者补充的规定。

第八十四条　本法施行前设立的养老机构不符合本法规定条件的，应当限期整改。具体办法由国务院民政部门制定。

第八十五条　本法自2013年7月1日起施行。